青春文庫

大人の教科書　日本史の時間

大人の教科書編纂委員会〔編〕

青春出版社

日本史がおもしろくなる「やり直し」の教科書です

学校の授業では、暗記科目でしかなかった代表格が「日本史」だ。「応仁の乱」くらいは、いつ起きたのかゴロ合わせで覚えている人は多いだろう。しかし、「どんな乱だったの?」と聞かれると、果たしてどのくらいの人が答えられるのか——。

学生時代にもっと勉強しておけばよかった……と思う瞬間である。

本書は、そんな大人のための「やり直し」の教科書である。

教科書といっても、堅苦しいものではない。もう学生じゃないのだから、楽しく学んだって罰は当たらないはずだ。

たとえば、井伊直虎は女なのになぜ男の名前を名乗り続けたのか、〝うつけもの〟の信長が考案した天下取りの秘策とは——など、日本史の基礎知識はもちろん、そのウラに隠された人間ドラマまで、「歴史って、こんなにおもしろかったのか!」と思わずにはいられないネタが満載だ。

苦手だった日本史が、どんどん身近になってくること間違いなし!

そのおもしろさは検定済である。

大人の教科書　日本史の時間　・もくじ・

国風文化

平氏政権

4時間目／南北朝・室町時代 157

7時間目／幕末維新 305

1時間目

縄文・弥生・奈良時代

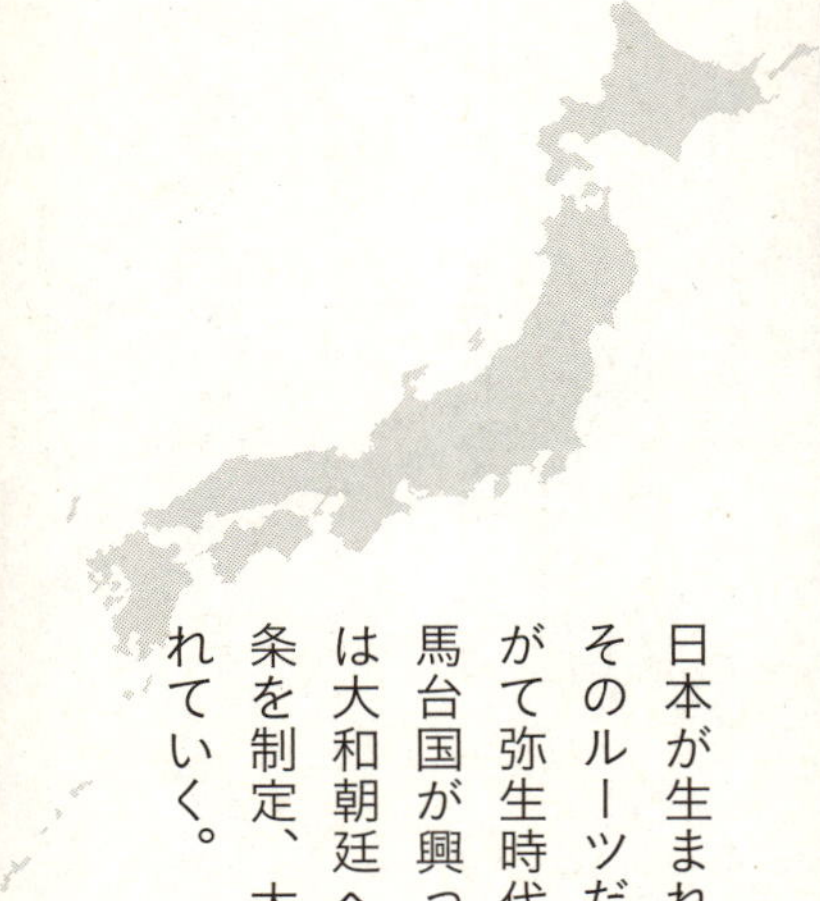

日本が生まれたのは1万年も前のこと。縄文時代がそのルーツだ。当時は平和で平等な社会だったが、やがて弥生時代に移り、日本最大の迷宮といわれる邪馬台国が興って女王卑弥呼が支配する。そして時代は大和朝廷へと成長していき、聖徳太子が憲法十七条を制定、大化の改新を経て国家としての礎が築かれていく。

日本人のルーツ

［キーワード］
縄文人／三内丸山遺跡／旧石器時代／縄文土器／貝塚／土偶

津々浦々からやって来た日本人のご先祖たち

スポーツの国際試合があれば、日本人は日本のアスリートを応援したくなるのが人情だ。それもこれも日本が単一民族の国家だからだろうが、では、日本人あるいは日本という国はどのようにして形作られたのだろうか。

日本史の舞台である日本列島が生まれたのはそう遠い話ではない。日本列島はかつてアジア大陸の一部だった。それが氷河期の終わりとともに起こった海面の上昇によって大陸から切り離された。そうして生まれた日本列島は、現在のところ約1～2万歳といわれている。

列島がもともと大陸に属していたように日本人のルーツ

も別の場所にある。まず大陸と地続きだった時代、沿海州、朝鮮半島、中国南部、東南アジアなどから移り住んだ人々がいる。彼らは混血を繰り返し、日本人の原型を作り上げた。現代でいう縄文人《じょうもんじん》にあたるのもこの人々だ。

続いて紀元前3世紀から紀元後3世紀の弥生《やよい》時代、日本の民族構成に大きな変化が訪れる。朝鮮半島から大勢の渡来人がやって来たのだ。彼らは縄文人を辺境へと追い払い、日本人の主流をなしていった。

こうした日本人の系譜は、近年になって科学的な裏づけ★が進み、1996年には人間の細胞内のミトコンドリアが独自に持つミトコンドリア遺伝子の研究から、日本人の遺伝子群のうち65パーセントが弥生時代以降の渡来系であることが証明されている。

さまざまな民族が混じり合って生まれた日本人だが、いくら単一民族を気どっても我々の遺伝子にはこの日本人の

★科学的な裏づけ
1993年には白血病ウィルスの型から、南米系の人々と日本人が遠い祖先を同じくすることも判明。南北両アメリカ大陸を北上し、ベーリング海峡を渡って沿海州伝いに日本へ入ったものと思われる。

形成の足跡がしっかりと刻み込まれているというわけだ。

フグにクジラ…、縄文人は意外にグルメだった

天然モノや無農薬野菜など、昔は当たり前だった食べ物がもてはやされるようになった現代。今ほどモノに恵まれた時代もないが、現代人が本当に恵まれているのかどうか、一概には言えなさそうだ。特に縄文人の暮らしが明らかになるにつれ、この疑問はいっそう大きくなってくる。

縄文人というと原始的な野蛮人、というイメージを抱くかもしれない。しかし、縄文時代の暮らしは意外に豊かだったことがわかってきた。この新しい縄文時代像を教えてくれたのは、1994年に青森県で発掘された★三内丸山遺跡《さんないまるやまいせき》だ。

縄文時代が始まったのは約1万年前。割った石を使うだけの★旧石器時代からさらに磨くなどの加工が行われるよう

★三内丸山遺跡

約5500~4000年前にかけて、実に1500年近い人々の暮らしの様子が残されている。特に話題を呼んだのは、直径1メートルの巨大な木製の柱。6本が2列に等間隔で立てられていたらしい。神殿の柱、あるいはトーテムポールのような宗教的シンボルだったと考えられている。

★旧石器時代

日本で旧石器時代の存在が確認されたのは、1949年のこと。その歴史は約60万年以上さかのぼるといわれるが、人間の系譜についてはわかっていない点が多い。なお、日本では旧石器文化のことを先土器文化とも呼ぶ。

になった。

また同じ頃、土器の製作も始まっている。当時の土器は撚《よ》り糸を使った縄目の模様が特徴で、縄文土器、そして縄文時代という呼び名はここから生まれたものだ。

縄文時代の遺跡には、当時の暮らしをリアルに再現してくれる遺物がある。それは縄文時代のゴミ捨て場である貝塚だ。

貝塚からはさまざまな物が出土しているが、注目はそこから出た食べカスなどだ。これを調べることで、当時の食生活が浮かび上がってくる。

まず主食とされていたのは、ドングリ★、クリ、クルミなどの木の実で、肉類ではイノシシとシカがよく食べられていた。

このほかにも、縄文人は海の幸もかなり楽しんでいたらしい。貝塚からクジラ、イルカ、アジ、イワシ、さらにフ

★ドングリ
ドングリはアク抜きをしないと食べることができない。そのため、当時からすでに加熱や水さらしによるアク抜きの方法が確立されていたとみられている。

グの骨まで見つかっている。当時は、すでに丸木舟で遠洋に出て漁を行っていたようだ。

コメの栽培はまだ先だが、縄文時代の暮らしは十分に豊かな食材に恵まれていたらしい。

縄文社会は理想郷？　平和と平等も裏を返せば…

世代が違うと話が合わない、なんていう経験は誰しもあることだ。たった数十年でこれなのだから、もし相手が何千年も昔の人だったら、と考えると気が遠くなる。

しかし、そうした昔の考え方や価値観を想像するのも歴史の楽しみのひとつだ。

縄文人の価値観をうかがわせる出土品に土偶《どぐう》がある。その多くは女性を象《かたど》っており、妊婦と思われるものも多い。つまり、土偶には生命を生み出す神秘的な力への祈りが込められていたようだ。おそらく子孫や食物が増えることを

★漁を行っていた
縄文時代には漁の技術も発達した。当時の遺跡からは、回転式離頭銛《りとうせん》と呼ばれる高度な漁具も見つかっている。これは獲物に刺さった矢尻が柄から離れ、さらに回転することで深く突き刺さるように工夫したもの。

★土偶
縄文時代に作られた土製の人形のこと。

祈願する、何らかの呪術的儀式に使われたのだろう。★

原始的な農耕も始まっていたとはいえ、縄文時代は狩猟と採集で生計を立てるのが常だった。したがって、人々の生活も神頼みの部分が多かったわけだ。★

さらに、当時の墓も彼らの価値観を知る手がかりとなる。縄文時代の墓には、誰もがみな同等に葬られていた。

反対に、権力者の存在をうかがわせるような豪華な副葬品や巨大な陵墓《りょうぼ》は見つかっていない。このことは当時の社会が平等だったことを意味する。何しろ縄文時代は、貨幣はおろか農耕による穀物の蓄積もなかった時代だ。つまり「富」がないので、貧富の差もなかったわけだ。

理想郷のようにも思えるが、いい話ばかりでもない。というのも当時の平均年齢は30歳で、15歳までに半数は死んだと考えられている。不安定な生活と背中合わせだったからこそ平等な社会が成り立っていたといえそうだ。

★何らかの呪術的儀式
土偶は豊穣を祈願して作られたとする説のほかに、次のような説もある。女神や先祖などを象って崇拝の対象としたという説、病気やケガの快癒《かいゆ》を祈って作られたという説、他人に呪いをかけるために作られたという説、などだ。

★原始的な農耕
縄文時代の前期にはクリなど、後期にはアズキやアワなどの栽培が始まっていた。

邪馬台国の盛衰

［キーワード］
稲作／金属器／銅鐸／弥生時代／『魏志』倭人伝／邪馬台国／卑弥呼／階級制度／銅鏡

コメは〝禁断の穀物〟。権力争いの人類史が幕開け

何はなくとも日本人の食卓に欠かせないのがコメだ。海外旅行先で炊き立てのゴハンが恋しくなって、日本人の血が流れていることを実感した人も多いはずだ。

それだけにというべきか、日本史におけるコメの存在は極めて重要である。平和で平等だった縄文時代が終わりを告げ、しだいに国家が形成されていった背景にも実はコメが大きく関係しているのだ。

日本で稲作が始まったのは、縄文時代晩期。紀元前4～3世紀頃、朝鮮半島からの渡来人★によって九州北部にもたらされたのが起源とされている。

★朝鮮半島からの渡来人
ほかにも、中国南部の江南地方からさらに南へ下ってベトナムから伝わったとする説もある。

このコメと同時に、渡来人は重要な先進文化を日本へもたらした。それが鉄器をはじめとする金属器だ。

中国で青銅器の使用が始まったのは、紀元前2000～1600年頃のこと。もちろん稲作はさらに古く、紀元前3000年頃ともいわれている。

当時の日本にとって数千年も進んだ文化が突然入ってきたわけだから、その影響力は計り知れなかったに違いない。日本でもこの時代からようやく祭祀《さいし》道具の銅鐸《どうたく》や農耕具の鉄器などが用いられるようになった。

西日本に伝わったコメと金属器の文化は、紀元前2世紀頃までに東北地方まで及んだという。こうして到来した新しい時代が、弥生時代である。

食料の確保が容易になったことで人々の暮らしは縄文時代に比べて向上した。しかし、一方でコメの保存により貧富の差が生じ、支配する者と支配される側の関係がつくり出されるようになる。

さらに土地や水利を巡って集団同士が略奪し合い、鉄器★を使った戦いが始まった。そして日本は生活の安定と引き換えに血なま臭い争いの時代へ突入していくのである。

縄文人が進化しても弥生人にはならない？

ひと口に日本人といってもいろいろな顔がある。〇〇麻呂なんていう名前が似合いそうなノッペリ顔がいたり、色黒でエキゾチックな顔がいたり……。実はこうした日本人のバリエーションは、さまざまなルーツから日本人が形成された名残らしい。

縄文時代から弥生時代へと続く古代日本文化の系譜をたどると、縄文文化が自然に発達して生じたものではないことがわかる。稲作と金属文化を操る弥生人は、朝鮮半島からの渡来人だったと考えられているのだ。

★**鉄器を使った戦い**
武器としての刃物が登場するのもこの時代が最初。

古代日本
弥生人
縄文人
なんか、気に入らない

新しい文化とともに日本へ移り住んだ彼らは、技術的に遅れた縄文人を駆逐していった。そして、縄文人の代わりに★日本人の主流をなすようになったようだ。

この説の有力な根拠が、それぞれの人骨だ。

まず縄文人の身長は150センチほどで、顔立ちも現代のポリネシア人のようにやや彫りが深い。これに対して弥生人は身長160センチ、顔立ちは平板で切れ長の目をしている。いわゆる公家《くげ》風の顔だった。

もちろん両者の間で混血は行われたが、顔の違いは現代でも窺うことができる。身近な友人知人を思い浮かべても、南方系を思わせる彫りの深い顔の人もいれば、反対に北方系を思わせる細面の顔を持つ人がいるはずだ。両者がそれぞれ縄文人と弥生人の特徴を残していると考えれば、日本人の成り立ちが現代にまで刻み込まれているようで面白い。

弥生人は西日本を中心に勢力を伸ばし、後の★大和朝廷《やまとちょうてい》へ

★日本人の主流をなす
古代の日本人は古代朝鮮語を話していたともいわれる。そのほか北九州で見られる弥生時代前期の古墳からは、朝鮮半島南部の支石墓と呼ばれる墓も見つかっている。

★大和朝廷
朝廷の支配者として登場する天皇家も根元は朝鮮半島にあると考えられている。

と系譜を繋げる。こうして日本の歴史は、新しい人々の手によって次なるページが綴られていくのだ。

邪馬台国を支配していた女王・卑弥呼の不思議な力

野球でもサッカーでも、スポーツの試合で最後に残る勝者は1組（人）と決まっている。

古代社会で統一国家が生まれる過程もこれに似ているといえそうだ。コメという富を巡って小さな集団が争い、勝った方が負けた方を吸収していく。これを全国で繰り返せば、しだいに大きな集団へ集約されていくのは道理だ。こうして弥生時代の日本は、統一国家への長い道のりを歩き始めるのである。

当時の日本に文字はまだなく、この時代の詳しいことはわからない。しかし、紀元前1世紀に書かれた中国の史書にはじめて日本に関する記述が現れる。それによると当時の日本は倭《わ》と呼ばれ、100近い小国が分立していたという。さらに倭は、中国の前漢★が朝鮮半島に置いた楽浪郡《らくろうぐん》へ定期的に貢ぎ物を送っていたらしい。

さらに時代が下った3世紀、中国で編纂された史書にも日本に関する記述がある。有名な『魏志《ぎし》』倭人伝《わじんでん》のくだりだ。それによると当時の日本には、30余りの小国を従えた政治的連合というべき大集団が登場していた。これがほかでもない「邪馬台国《やまたいこく》」だ。

倭人伝によると邪馬台国の人口は推定35万人。支配者層から奴隷まで階級制度もすでにつくられていた。大人《だいじん》と呼ばれる支配層や下戸《げこ》、奴婢《ぬひ》、生口《せいこう》と呼ばれる下層民、そして奴隷などが存在したという。

ちなみに、下戸が道で大人に出会ったら草むらに身を潜めなくてはいけない、あるいは下戸が大人と話をする時は地面に手をつかなくてはいけない、といった決まりもあっ

★前漢
秦を滅ぼした劉邦《りゅうほう》が建てた王朝。紀元前202〜紀元後8年。なお、中国の史書『後漢書』によれば57年に倭の「奴国王」が、107年に同じく「回土国王」がそれぞれ後漢に貢ぎ物を贈ったとされている。後漢は前漢に続く王朝で、25〜220年の間続いた。

たそうだ。また、租税の徴収も行われていたようだ。

この邪馬台国を支配していたのは女王・卑弥呼《ひみこ》だ。卑弥呼は呪術的な力を持つシャーマンだったとされている。つまり、巫女《みこ》の呪力で集団を導いていたというわけだが、実質的な政治は弟が握っていたようだ。★

しかし、卑弥呼は単なるお飾りだったというわけではない。彼女は何らかの外交権も持っていたらしい。倭人伝によると、彼女は魏の皇帝に使いを送り、「新魏倭王《しんぎわおう》」の称号を贈られたことが伝えられている。

古代国家の頂点に立った卑弥呼は、一生独身を通したという。卑弥呼の没後も壱与《いよ》と呼ばれる少女が女王に選ばれ、シャーマンによる統治の伝統は受け継がれた。

日本史最大の謎の迷宮、邪馬台国はどこにあったのか？

知識への人間の執念は凄まじい。文献など残っていない

★実質的な政治
当時の日本の王権は、女性が祭祀を担い、男性が政治を担う形で構成されることが多かったといわれる。男女のペアが行うこの政治を「ヒコ・ヒメ制」とも呼ぶ。

古代の歴史もわずかな証拠をたどって紡ぎ上げてしまう。しかし、そんな歴史家の執念も答えの出ない問題に突きあたることはある。

邪馬台国はいったいどこに存在したのか。この謎は、未だに決着がつかない日本史上の大きなミステリーだ。

よく知られているとおり、邪馬台国があった場所には「畿内《きない》説」と「九州説」の2つがある。この2説の対立の歴史は古く、何と江戸時代にまでさかのぼるという。

そもそも畿内説は『日本書紀』に端を発する。卑弥呼＝神功皇后《じんぐうこうごう》であることを窺わせる記述から邪馬台国はずっと畿内、つまり大和にあったと信じられてきた。

ところが江戸時代になり、九州説を唱えたのが新井白石《あらいはくせき》と本居宣長《もとおりのりなが》だ。こうして2つに分かれた説が現代まで受け継がれてきたのである。

まず、畿内説の根拠は次のようなものだ。大和地域に魏

★神功皇后
『日本書紀』『古事記』に伝えられる仲哀《ちゅうあい》天皇の皇后。

★新井白石と本居宣長
新井白石は江戸中期の朱子学者、政治家。1657〜1725年。本居宣長は江戸中期の国学者。1730〜1801年。

の時代の銅鏡が数多く発見される、「邪馬台」と「大和」が言語学的に音が似ている、倭人伝に書かれた大陸から邪馬台国までの行程が大和までのそれと一致する、などだ。

ところが大陸からの行程は、大和だと距離はともかく方角が合わない。これに対して、距離が合わない代わりに方角はピタリと合うのが九州説だ。

さらに倭人伝の細かな記述を追うと、距離の不一致も解釈が可能だと主張している。

また、「邪馬台」との音の相似も福岡県の山門《やまと》郡が有力候補として挙げられている状態だ。

邪馬台国はこうした謎をはらんだまま歴史の闇に埋もれていく。卑弥呼の死後、266年に晋《しん》へ貢ぎ物を贈ったという記述を最後に中国の史書から姿を消してしまうのだ。

邪馬台国から次の大和朝廷に至る系譜は、今も日本史に残る大きなミッシングリンク（失われた部分）となっている。

大和政権と古墳

［キーワード］
大和朝廷／豪族／氏姓制度／部民制度／前方後円墳／推古天皇

「大和撫子」と日本初の統一国家との浅からぬ関係

サッカー日本女子代表の愛称は「なでしこジャパン」だが、昔は理想的な日本女性を指して大和《やまと》撫子《なでしこ》などと呼んだ。

ここからもわかるとおり、大和という言葉は単に日本の★一地方を指すだけではない。これはある意味で日本そのものを象徴する言葉でもある。というのも、大和は日本で最初の統一国家が生まれた舞台だからだ。

邪馬台国が歴史から姿を消した後、日本史は空白の時期が続く。この間も小さな国家群は争いを続け、勝者は敗者を従えて成長していった。

そうして4世紀の半ば頃には、九州から東日本にかけて

★日本の一地方
大和とは現代の奈良県全域に相当する。

の地域が1つの集団として束ねられる。その頂点に立ったのが大和の勢力だ。したがってこの全国的な政治連合というべき集団は、大和政権あるいは大和朝廷と呼ばれる。

各地の小国の支配者、つまり豪族たちは、大和政権に従属しながら従来通り自分たちの土地に君臨したようだ。

大和政権の王は大王《おおきみ》と呼ばれた。これが後に天皇と呼ばれるようになり、現代の天皇制のルーツとなっている。もっとも当初の大王は絶対的な権力者でなく、各地の王たちの代表者のような存在に過ぎなかった。

またいうまでもなく、後の天皇家直系の先祖でもない。その時々によって権力を握った豪族の長が選出されたり、あるいは前任者を追い落として大王の座に座ったようだ。

しかし、大和政権はしだいに政治的な身分制度を確立しながら権勢をふるっていく。その柱となったのが氏姓《しせい》★制度と部民《べのたみ》制度だ。

★氏姓制度と部民制度

氏とは朝廷を構成する一族のこと。必ずしも血縁関係にあったわけでなく、名前や氏神を同じくするところから同族意識を持つ集団だった場合もある。一方の部民制度は民衆を決まった仕事に就かせて、それ以外の仕事を禁じたもの。具体的には、朝廷に仕える品部《しなべ》、氏族の家で使役される奴婢《どひ、ぬひ》、豪族の領地の農民である部曲《かきべ》などがあった。

氏姓制度は支配者階級の地位を、部民制度は被支配者階級である民衆の階級を定めて支配するための制度のことだ。こうして大王は天皇を名乗るようになり、絶対的な権力者へと成長していくのである。

古墳に流行のデザインがあった

立派な墓を作りたくても、そこは狭い日本のこと。最近では共同の納骨堂など、墓もウサギ小屋化が進行中らしい。そんな現代人とは違い、古代の権力者たちは競って巨大な墓を残した。そうした墓は同時に彼らの社会を知る手がかりともなっている。

★5世紀に朝鮮半島から漢字が伝わるまで日本は文字を持たなかった。ではそれ以前、4世紀の大和政権の発展はどのようにして知ることができたのか。その有力な手がかりとなったのは古墳だ。

★5世紀に朝鮮半島から漢字が伝わる

日本最古の文字とされる史料には次の3つがある。和歌山県隅田八幡神社所蔵の銅鏡銘文、熊本県江田船山古墳出土の大刀の銘文、埼玉県稲荷山古墳出土の鉄剣銘文だ。いずれも5世紀半ばから6世紀初頭を示すと思われる年号が記されている。

古墳とは、王や豪族たちが残した高い丘と壕《ごう》を持つ墓のこと。主に大和政権の諸王が自分の権勢を誇示するために作ったものだ。

さらに後継者が先代の古墳を完成させることで、新しい首長として正式に認められる側面もあったらしい。つまり古墳は、権力を象徴する構造物でもあったわけだ。

古墳が作られるようになったのは3世紀末頃のこと。まず畿内から瀬戸内にかけて作られ始め、4世紀には巨大化しながら全国へ普及していった。

もっとも、古墳の規模は被葬者の権力に応じて決められている。全長480メートルもの巨大な前方後円墳である仁徳天皇陵から、直径10メートル程度の墓が集まった千塚と呼ばれるものまでサイズも形もさまざまだ。

ところがこの時代の古墳には、地方ごとの特色というものがない。弥生時代には場所によってさまざまな埋葬方法が混在していたが、大和政権の時代になると古墳はおおむね全国共通のデザインに統一されてくるのだ。

全国の権力者たちがこぞって同じような墓を建てた背景には、やはり統一国家か、あるいは広域な政治連合の存在を考えないわけにはいかない。

知られざる天皇陵を発見？　期待が集まる植山古墳

いくら研究が進んでいるといっても、古代史の全てが発見されたわけではない。21世紀を迎えた今も新たな発掘から歴史が塗り替えられる可能性は十分にあるのだ。

実際にそうした大発見と呼べる古墳が見つかっている。奈良県の植山《うえやま》古墳がそれだ。２０００年8月の調査の結果、ここが★推古《すいこ》天皇とその息子の竹田皇子《たけだのおうじ》を合同で葬った墓である可能性が高いことがわかったのだ。

推古天皇は聖徳太子のおばにあたり、最初の女帝とされ

★推古天皇
554〜628年（在位592〜628年）。おじである蘇我馬子が対立する崇峻天皇を暗殺した後に即位。聖徳太子を摂政・皇太子として政治にあたり、飛鳥文化を生み出した。

る人物。実は、大阪府太子町に宮内庁が指定する推古天皇陵が存在するのだが、どうやら植山古墳に埋葬されてから太子町の陵墓へ移されたものらしい。

『日本書紀』によれば、推古天皇は生前から竹田皇子の墓に合葬されることを願っていたという。しかし竹田皇子の墓として造営された植山古墳は、天皇の墓とするには小さすぎた。そこで、後に太子町の陵墓へと移されたと考えられている。

この移葬は『日本書紀』と『古事記』にも記述があり、この発見でそれが裏づけられそうだ。

さらに考古学者らの期待も高まっている。というのも、太子町の推古天皇陵も含めて天皇陵は宮内庁が内部調査を認めていない。そのため、天皇の墓の実態は不明な点が多いのだ。植山古墳がきっかけとなって新たな古代史のページが開かれるのかどうか期待してみたい。

聖徳太子と憲法十七条

［キーワード］
仏教の伝来／蘇我氏／冠位十二階の制定／憲法十七条／遣隋使／小野妹子／法隆寺

大和朝廷が国際交流で手に入れたもの

どういうわけか、日本人は海外というと欧米にばかり目がいきがちだ。しかし近代以前は、外国といえば中国や朝鮮半島を指すのが常識だった。

距離が近いから当たり前なのだが、かつての東アジア諸国との関係は現代の我々にとって意外なほど密接なものがあったのだ。

そうした日本の外交は、かなり古くから活発に行われてきた。紀元前1世紀には、早くも中国の前漢★に貢ぎ物を贈っていたことがわかっている。

さらに4世紀、大和政権の時代になると、朝鮮半島との

★前漢
紀元前206年〜208年。秦が滅亡したのち、農民出身の劉邦によって興された中国の王朝。郡国制を施行して中央集権体制を実現。

密接な関わりが浮かび上がってくる。その頃の朝鮮半島は、後に三国鼎立《ていりつ》の時代を迎える高句麗《こうくり》、百済《くだら》、新羅《しらぎ》の三国に加えて、半島南部の伽耶《かや》が分立していた時代だ。

このうち大陸の一角まで占める大国だった高句麗は、4世紀末に新羅と組んで南下を始めた。これに対して伽耶への進出を伺っていた日本は、百済と結んで半島に出兵★している。

また5世紀には、中国の宋《そう》や斉《せい》などに「皇帝に貢ぎ物を運ぶ船を高句麗が滅ぼさないようにしてほしい」という名目で、伽耶での地位を認めてくれるよう使いを送ったという。

こうした関わりを通じて、中国や朝鮮半島から大勢の渡来人★が日本へやって来るようになった。大和政権はこの渡来人の力を借りて力をいっそう強めていく。

というのも当時の日本は、中国や朝鮮半島に比べると後

★半島に出兵
高句麗時代の石碑である広開土王碑に、倭が半島に出兵して敗れたことを示す記述がある。しかし碑文の解釈を巡ってはさまざまな説があり、決定的な結論はまだ出ていない。

★渡来人
その一部が日本に帰化し、渡来系の氏族として大和朝廷の一角を占めるようになったとも考えられている。

進国に過ぎなかった。そこへ渡来人がもたらす知識、たとえば古墳の建設や鍛冶《かじ》、土器や機織《はたお》りなどの技術は、画期的なものとして受け入れられたわけだ。

そうして伝えられた文物には、漢字、儒教、そして仏教など、後の日本に大きな影響を与えた文化がある。とりわけ仏教の伝来★は、やがて大和政権を揺るがす大事件へと発展していくのだった。

蘇我馬子が後援会長？　聖徳太子が誕生するまで

大和朝廷の有名人といえば、この人をおいてほかにない。旧5000円札と1万円札でお馴染みだった聖徳太子だ。生後4カ月で言葉を話したとか、1度に10人の話を聞き分けた、ついでに予知能力もあったなど、後世にあれやこれやと聖人化されたことでも知られる人物である。

そんな彼だが、歴史の表舞台に登場した背景にはある一

★仏教の伝来
百済の聖明王によって日本へ伝えられた。公伝の年については538年説と552年説に分かれているが、前者の方が有力。

族の大きな後ろ楯があった。それが蘇我《そが》氏だ。

蘇我氏は伝来したばかりの仏教を巡って、朝廷内で激しい対立を繰り広げていた。仏教擁護派の蘇我氏に対して、物部《もののべ》氏が「古来の神々の怒りを招く」として反発したからだ。

蘇我氏と物部氏の対立は宗教観の違いという単純なものではなかったらしい。というのも、仏教は部族や氏族を超越した普遍的な教義をうたっている。

したがって、個々の氏神などを軸にして氏族が結ばれる氏姓制度を政治の根幹とする大和朝廷にとって、仏教は政治改革を余儀なくされる新しい思想でもあったわけだ。

この対立に決着をつけたのが蘇我馬子《うまこ》である。当時の朝廷で一番の実力者だった彼は物部氏を武力で滅ぼし、対立する崇峻《すしゅん》天皇をも暗殺してしまう。そして自分の姪を推古女帝として即位させるのだ。

★蘇我氏
蘇我氏は渡来系の氏族だったと考えられている。

推古女帝の即位によって、聖徳太子にもチャンスが巡ってくる。聖徳太子は、推古女帝の兄・用明《ようめい》天皇の息子である。

馬子は推古女帝の甥、つまり自分とも血縁関係にある太子を摂政《せっしょう》に起用し、政治の舞台へ上がらせたわけだ。

こうして太子は蘇我氏との強い結びつきの中で、政治家としてのキャリアをスタートさせることになる。

さすが聖徳太子と唸らせる画期的な改革と外交手腕

出世できないのを運のせいにする人ほど、いざチャンスが巡ってきてもそれを活かせずに終わってしまったりするものだ。

しかし、摂政の座を与えられた★太子が成し遂げた業績は、いうまでもなく後世の名声に値するものだった。

蘇我氏が渡来人と関わりが深かったせいか、太子は高句

★摂政の座を与えられた
聖徳太子が摂政となったのは593年のこと。

麗や百済の知識人に師事して学んでいる。今でいうところの国際化教育だ。

そうした勉強の結果、摂政に就いた彼が理想にした政治が天皇を中心とする中央集権国家だった。

当時の朝鮮半島は、すでに中央集権国家に移行していた時代だ。豪族の連合政権だった大和朝廷から見たそれは、新しい世界の潮流のように映ったに違いない。

自らの理想を実現するために太子がまず行ったのは、冠位十二階の制定である。これは個人の才能や功績によって位階を与える制度だ。

その目的は、優秀な人材を天皇の周りに登用すること。しかし一方で、その背景には豪族による地位の世襲を排する狙いもあったらしい。

さらに太子は、冠位十二階に続いて憲法十七条を制定する。ここでは「君は天、臣は地」と唱えて、天皇への服従

★冠位十二階の制定
603年に制定。儒教の徳目（人が常に守るべき道徳のこと）である徳、礼、仁、信、義、智をとり、それぞれ大小に分けて冠位をつけた。憲法十七条は翌604年に制定された。

を説いている。

同時に「和を貴べ」として豪族間の合議を重視して、国家官僚の服務規定の徹底を訴えた。

こうした内政上の改革と並んで外交政策も注目される。その代表は何といっても６０７年の遣隋使・小野妹子《おののいもこ》の派遣だ。

妹子に託した国書の「日出る処の天子、書を日没する処の天子に致す」というくだりはあまりに有名である。

それを受け取った隋の煬帝《ようだい》は激怒したと伝えられるが、結局は日本へ答礼使を送っている。高句麗を牽制するため、隋は日本の協力を必要としたからだ。

つまり太子の無礼とも思える手紙は、複雑な国際情勢に乗じて大国に対等の外交を求める戦略だったわけだ。そうした太子の外交手腕は、さすがというべきだろう。

煬帝
遣隋使派遣
小野妹子
冠位十二階制定
憲法十七条制定
推古女帝
聖徳太子

実は自殺だったかもしれない？　聖徳太子の死の真相

日本人はよく無宗教の国民といわれる。たしかに我々の大多数は、日常生活で宗教を意識することはないだろう。ところがひとたび死んでしまえば、無条件で位牌になって仏壇に収まるのが普通だ。その意味でいえば、日本人はやはり仏教徒といってしまっていいのかもしれない。

この日本における仏教の普及にも聖徳太子は大きく関わっている。仏教が伝わったばかりの頃、まだその教義を正しく理解している日本人は極めて稀だった。

そんななかで聖徳太子は、「世間虚仮、唯仏是真（世間は虚しい、ただ仏だけが真実だ）」という今際の言葉に表れているとおり、仏教の真の理解者だったといわれる。

彼の仏教への傾倒は、同時に★飛鳥《あすか》文化の開花へと繋がっていく。太子の発願で建てられた法隆寺、あるいは法隆寺玉虫厨子《たまむしのずし》、広隆寺半跏思惟像《はんかしいぞう》などは、★飛鳥時代を代表する

★飛鳥文化
飛鳥時代に開花した文化。仏教芸術のほか、憲法十七条など思想面での発展もこれに含まれる。

★飛鳥時代
538年の仏教伝来から645年の大化の改新までを指しているのが通例。

日本最古の仏教芸術だ。

その歴史的意義は極めて高いのも当然の話だ。こうした文化を牽引する太子の熱意によって、当時まだ馴染みのない新しい信仰は庶民の間にも一気に広まっていったようだ。

しかし晩年の太子は、自ら普及させた仏教の世界に閉じこもることが多かったという。冠位十二階、憲法十七条といった改革が、ほかでもない蘇我氏をはじめとする豪族の反感を買ったためだ。

先に挙げた今際の言葉も、いっこうに実現しない理想に絶望したためと考えられなくもない。

それどころか、太子は絶望のあまり自ら命を絶ったとも伝えられている。晩年、妃である刀自古郎女《とじこのいらつめ》に「自分は今夜あの世に逝く」と語ったことが文献に記されているからだ。

もっとも、真相は今なお神秘的な太子像に秘められたままである。

大化の改新

［キーワード］
中大兄皇子／中臣鎌足／改新の詔／公地公民制／防人／班田収授法／壬申の乱

蘇我氏の目に余る横暴ぶりにクーデター勃発！

きれいごとだけでは済まないのがこの世だ。特に政治の世界となればなおさらだ。

聖徳太子のさまざまな改革も理念こそたしかに立派だったといえるが、実際に成功したとはいいがたい。後ろ楯である蘇我氏に背いて豪族の力を削ぐ制度を設けてみたものの、蘇我氏の権勢はいっこうに衰える気配はなかった。

しかしそんな蘇我氏も、やがて歴史の舞台から追い落とされる日がやって来る。太子の死★後間もなく蘇我馬子も亡くなり、その後を息子である蘇我蝦夷《えみし》が継いだのだ。

蝦夷の時代に入って蘇我氏は繁栄を極める。しかしその

★太子の死
622年、太子は推古女帝の摂政のまま49歳で没する。

裏では、皇族や豪族たちの蘇我氏に対する反感が高まっていった。我が世の春を謳歌する蝦夷の横暴ぶりが、目に余るようになってきたからだ。

天皇の職掌《しょくしょう》とされている雨乞いの儀式を無断で執り行ったり、大臣の地位を勝手に息子である入鹿《いるか》に譲ったりと、蝦夷は朝廷の権力を私物化し始めていく。

そんな蝦夷も一応は天皇を敬ったり豪族を尊重する態度を見せていた。ところが入鹿は違ったらしい。彼は643年、太子の息子である山背大兄王《やましろのおおえのおう》に謀反の罪を着せて自殺に追い込んでしまうのだ。

皇位継承を巡って、山背大兄王が蘇我氏の近縁・古人大兄皇子《★ふるひのおおえのおうじ》のライバルとなったからだ。

入鹿のこの行動で蘇我氏に対する反感は頂点に達した。そして645年、ついに中大兄皇子《なかのおおえのおうじ》と中臣鎌足《なかとみのかまたり》を中心としたクーデターが勃発する。

★古人大兄皇子
大化の改新の直後、古人大兄皇子は謀反のかどで討たれる。

入鹿は中大兄皇子自身の手によって討たれ、その翌日には蝦夷も屋敷を包囲されて自殺に追い込まれた。このクーデターがいわゆる「大化の改新」である。

大化の改新の実態は、単なるテロ行為だった⁉

歴史は時の権力者によって都合よく書き変えられるのが常だ。たとえば、倭が朝鮮半島に出兵したことを記した高句麗の広開土王碑《こうかいどおう》も、近代の植民地時代に日本陸軍が都合よく歪曲した解釈が通説化したという意見もある。

世間一般に信じられている歴史には、意外な舞台裏があったりするものだ。

天皇をないがしろにして横暴を極めた蘇我氏が、中大兄皇子らの手によって討たれる……。大化の改新はこのように蘇我氏＝悪者として語られる場合が多い。しかしこれも見方を変えれば、意外な歴史が浮かび上がる。

そもそもクーデターを首謀した中大兄皇子と中臣鎌足は、どんな人物だったのだろうか。

まず鎌足は、もともと神職を司る中級の豪族だった。しかし彼は、中国から帰国した僧★・旻《みん》らに師事した。大陸の文化を学び、天皇を中心に置いた中央集権国家の確立を強く願うようになっていたという。

一方の中大兄皇子は、★舒明《じよめい》天皇と皇極《こうぎよく》女帝の間に生まれている。実は、両親とも蘇我氏の手で即位した天皇だが、中大兄皇子は実質的な権力を天皇家が掌握することを望んでいた。こうして利害の一致する2人が結託して蘇我氏謀殺に至ったわけだ。

中大兄皇子は権力を手にした後も自ら天皇の座に就こうとはしなかった。彼はおじを孝徳《こうとく》天皇に即位させたものの、天皇の権威を名目のみとして自分が実権を握り続ける。

中大兄皇子はまた、孝徳天皇が息子の有間皇子《ありまのみこ》に皇位を

★僧・旻
聖徳太子が小野妹子とともに隋に送った遣隋使の1人。

★舒明天皇と皇極女帝
舒明天皇は蝦夷の手によって推古女帝の後継として即位。舒明天皇が没すると、蝦夷はその皇后を皇極女帝として即位させた。

譲ろうとすると、有間皇子を謀反の疑いで処刑してしまう。

さらに周囲の反感を逸らすために、一度は退位した母である皇極女帝を斉明《さいめい》女帝として再び即位★させるなど、蘇我氏を彷彿とさせる専横ぶりだった。

天皇中心の政治というと、それだけで大義名分のように聞こえてしまう。しかし大化の改新も後の成り行きを見ると、実態は中大兄皇子がテロで政権を奪っただけとも理解できそうだ。

すべての土地を国有化、大改革は本当に行われたのか

国が公共の目的のために個人の土地を無理やり取り上げることを〝収用〟という。空港や道路、果てはゴミ処分場の建設など、お上の大義名分の前では個人の所有権など意味をなさなくなってしまうらしい。

大化の改新で蘇我氏を謀殺した中大兄皇子だが、権力を

★再び即位
いったん退位した天皇がもう一度即位することを重祚《ちょうそ》という。

手にした彼が着手した改革も早い話がこの収用だった。

中大兄皇子は大化の改新の翌年、改新の詔《みことのり》を発布する。その中で注目されるのが、公地公民制の原則だ。

これは皇室や豪族が所有する土地と人間を、全て天皇と国家が取り上げて支配下に置くというもの。何とも思い切った改革があったものだ。

しかし当然というべきか、諸豪族は猛反発した。そのため、斬新な公地公民制は思いどおりに進んだわけでもなかったようだ。

『日本書紀』によると、改新の詔はこのほか次の3つの柱からなっていた。

まず、地方行政制度の改革。これは全国を3つの行政区画に分けて各々に管理者を設置、さらに防人《さきもり》★や斥候《うかみ》などの軍制、中央直結の交通制度などが整備されたという。

次が班田収授法《はんでんしゅうじゅほう》と戸籍制度だ。これは公地公民制を受け

★防人や斥候
防人は大陸からの侵入を防ぐために、九州北部の沿岸などに配置された兵士。斥候は置かれた土地や相手方の状勢を窺うための見張り。

て全国の人口や土地の実態を調査し、耕作民に対して班田を分配したというものだ。

そして最後が租庸調《そようちょう》制度だ。これは大陸の方式を模倣した徴税制度である。

ところがこうした改革が本当に施行されたのかどうか、歴史的に疑わしい面もある。改新に関する『日本書紀』の記述が、そのほかの史料といろいろな点で食い違いをみせているからだ。

現在では、これらの内容は大化の改新からずっと後に制定された制度とするのが一般的な見方となっている。おそらく中大兄皇子によるクーデターを正当化するために、後になって『日本書紀』が改ざんされたのだろう。

壬申の乱は権力をめぐる肉親同士の殺し合いだった!?

時折、三面記事を賑わせる肉親同士の殺し合いがニュースになったりする。誰しも殺伐とした気持ちになる事件だが、権力欲にとり憑かれると人間は肉親殺しも平気になってしまうようだ。

古代日本における最大の内乱といわれる壬申《じんしん》の乱も、天皇の座を争っておじと甥が殺し合った戦争だった。

壬申の乱は、元をたどると中大兄皇子、つまり後の天智《てんじ》天皇が引き金を引いたようなものだ。

直接のきっかけは、彼が死に際して息子の大友皇子《おおとものおうじ》を次の天皇に決めた★ことにある。これに腹を据えかねたのが天智天皇の弟の大海人皇子《おおあまのおうじ》だ。

大海人皇子は長年、兄を助けて政治に携わった実力者である。しかも、当時は兄弟による皇位相続も一般的だったため、次期天皇の最有力候補と目されていた。

それを甥に奪われたのだから黙っていられるはずがないだろう。

★次の天皇に決めた
皇太子の地位に座り続けたまま、天皇を操った中大兄皇子だが、668年に即位して天智天皇となる。没したのは3年後の671年のこと。壬申の乱はその翌年に勃発した。

しかし大海人皇子は当初、形勢不利とみて自ら出家して隠遁《いんとん》してしまった。そして再起を窺うわけだが、チャンスは意外に早くやってくる。天智天皇に強い不満★を抱いていた地方豪族が彼に味方したのだ。

672年、大海人皇子の募兵に地方豪族が次々に応じて巨大な軍事勢力が集結した。

朝廷側はにわかに周辺の兵をかき集めて応戦したが、戦いは1カ月の後に決着がつく。弘文天皇として即位していた大友皇子は、おじが挙げた軍勢によって自殺に追い込まれてしまうのだ。

こうして戦いに勝利した大海人皇子は、天武《てんむ》天皇に即位する。この乱によって彼は、結果的により強大な権力を手にすることになったのだ。

大化の改新に端を発した政変は、本格的な中央集権国家確立の道へ向けて動き始めることになるのである。

★強い不満
その背景には急進的な改革のほか、近江大津宮への遷都の強行、唐・新羅対高句麗・百済の戦いに百済側援軍として派兵した白村江の戦いの敗北などがある。

律令国家

［キーワード］大宝律令／租／庸／調／三世一身の法／墾田永年私財法

ご都合主義のおかげ？　大宝律令の〝よくできた〟内容

何だかんだと議論しながら、結局は自分たちのトクになる法律しか通さない現代の政治家。そんなセンセイたちの血は、実は大和の時代からの伝統だったらしい。

4世紀に成立した大和政権は、もともと各地の豪族たちが集まってできた連合政権だった。しかし天皇を中心とする中央集権化が進むにつれ、朝廷が津々浦々を支配するための決まりごとが成文化されるようになる。そうしてつくり出されたのが律令《りつりょう》だ。

律とは現代でいう刑法にあたる。令は国家統治や官吏の服務規定などを定めた行政法のこと。そもそもは遣唐使が持ち帰った唐★の制度をまねてつくられた制度だ。

645年の大化の改新以後、中央集権化の波とともに律★令制度への移行が進んだ。

こうした律令国家への動きが一応の完成を見たとされるのが、701年の大宝律令《たいほうりつりょう》の完成だ。これは、文武《もんむ》天皇の時代に刑部親王《おさかべしんのう》と藤原不比等《ふじわらふひと》がつくった律令である。

大宝律令では、まず大和に中央政府の行政組織が整備された。そして地方には中央が任命する国司《こくし》や郡司《ぐんじ》などが置かれている。

一方、全国の民衆を支配するための身分制度も確立され、そこではまず全ての民衆が良《りょう》と賤《せん》の2種類に大別されている。

良とは皇族を含む支配者階級★と、それが〝所有〟する公民などのこと。公民とはつまり一般国民のことであり、その大半は搾取される農民だった。一方の賤は、さらに身分

★唐
中国の王朝。618~907年。長安を都とする。当時の一大文明国として栄え、日本も遣唐使を派遣し文物や制度の導入に努めた。

★律令制度への移行
そのはしりには天智天皇がつくった近江令、天武天皇がつくった飛鳥浄御原令《あすかきよみはらりょう》などがある。

★支配者階級
皇族、貴族、官人の3種類によって構成される。

が低い奴隷のことである。

こうした制度の多くは唐の制度に倣ったものだが、日本式に直された面も多い。たとえば中国の官吏登用試験である科挙《かきょ》は取り入れられず、〝コネ採用〟の習慣が守られた。

実態は民衆からとことん搾り取る徴税システム

働いていても遊んでいてもついて回るのが税金。バラまき行政の恩恵に預かっているなら別だが、多くの人が常に納得できない不満を抱えているはずだ。

しかしそうした気持ちは、律令国家の下の民衆の方が格段に強く思い知らされていたらしい。

当時の日本の人口は500万人ほど。そのうち支配者階級は約100人の皇族と貴族、これに官人を加えた1万人程度だった。つまり人口の0・2パーセントによって、残りの全ての民衆が支配されていた計算になる。

当時、すでに全国の民衆は国家の公民として戸籍に登録されていた。戸籍制度の目的はズバリ、もれなく搾取するためだ。さらに全国の土地も公地、つまり国家の土地とされ、公民に口分田《くぶんでん》として配分された。公民は口分田に一生縛られ、支配者のために作物を作り続ける運命にあった。

公民が徴収される物品には、次の3通りが定められた。口分田の収穫である租《そ》、労役の代償となる麻布やコメといった庸《よう》、そして諸国の特産物である調《ちょう》だ。

また、このほか年間60日間の労役に徴発される雑徭《ぞうよう》、調庸物を運ぶ運脚《うんきゃく》などが義務とされた。

これでもまだ公民の苦労は終わらない。律令には記されていないが、地方の役人が公民を利用する手段があの手この手で用意されていた。

たとえば、種籾《たねもみ》を強制的に高利で貸しつけられる出挙《すいこ》という制度もその1つ。地方の役人は、これによって利息の

★公民に口分田として配分

これが班田収授法である。『日本書紀』には646年の改新の詔で制定されたとあるが、実際には701年の大宝律令以後に導入されたとみられている。

★義務

ほかに防人などの兵役、朝廷の警護にあたる衛士《えじ》、中央官司に使える仕丁《しちょう》などがあった。

名目で農産物を手中にすることができた。律令国家という秩序正しい言葉の響きとは裏腹に、民衆を奴隷と変わらない扱いとする制度が確立されていったわけだ。

その後の日本史を大きく変えた場あたり的な政策

長い人生の間には「やってられるか！」とキレたくなる時もままある。こうした心情は、もちろん現代人の専売特許ではない。律令制度の下で苦しめられた民衆がキレてしまったとしても、むしろもっともな話といえそうだ。

天皇の権力強化のため設けられた律令制度だったが、苛酷な租税が無限に富を生むわけではない。

虐げられた農民★たちは次々に土地を捨てて逃亡し始めた。なかには男性より女性の方が租税が軽いことに目をつけ、戸籍上で女性と偽る者も現れたという。

しかし民衆の逃亡によって班田は荒廃し、朝廷は税収減

★虐げられた農民
農民の大半が竪穴住居あるいは平地住居に住み、粗末な麻の衣服を着て暮らしていた。

に悩まされるようになる。そこで723年、新たに設けられた法律が三世一身《さんぜいっしん》の法《ほう》だ。

これは新たな土地を開墾すれば、3代に限り私有が認められるというもので、これによって一時は荒れ地の開拓が進む。しかし当然ながら3代目の期限が近づくと、農民は耕作を放棄する始末だった。

このため朝廷は、ついに土地の私有を認めざるを得なくなる。こうして発布されたのが墾田永年私財法《こんでんえいねんしざいほう》★だ。身分に応じて開墾面積の規制はあったものの、原則的に公地公民制の一部が撤廃されることになったのだ。

またしても現代の政治家を彷彿とさせる場あたり的な政治だが、これが後の日本史に大きな影響を与えていく。

墾田永年私財法によって生まれた新しい土地制度が、後の荘園《しょうえん》★だ。そして荘園の開発領主は次第に武装化し、武士へと変貌していくのである。

★墾田永年私財法
この法律によって貴族や寺社など財力に余裕のある者が、班田農民や流浪民などを使って積極的に開墾に乗り出す。また買収によって、私有地を広める者も現れた。こうした開墾で生まれた荘園は、初期荘園と呼ばれている。

★荘園
奈良時代以降、貴族や寺社などが私的に領有し、その経済的基盤となった土地。

2時間目

平安時代

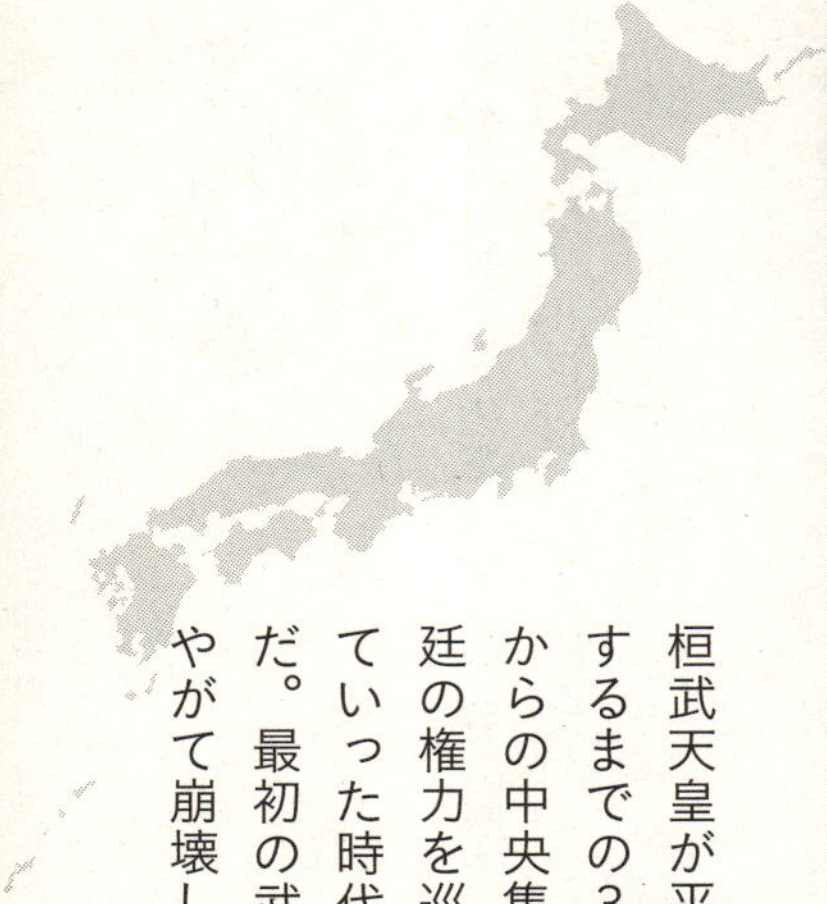

桓武天皇が平安に都を移してから、鎌倉幕府が成立するまでの３９０年間を平安時代と呼ぶ。奈良時代からの中央集権的な律令政治を受け継ぐものの、朝廷の権力を巡ってさまざまな氏族が勃興しては消えていった時代だ。そんな中から現れたのが武士たちだ。最初の武家政権である平氏政権ができるものの、やがて崩壊してしまう。

藤原一族

【キーワード】
平城京／藤原京／道鏡／長岡京／貴族政治／蝦夷／征夷大将軍／勘解由使／検非違使

藤原と蘇我一族の違いは2代目のデキにあった

相変わらず2世議員、3世議員が大流行りだ。どうやら日本では、世襲という太古からの権力委譲システムが未だに健在らしい。

しかし、労せずして権力の座に就いた2代目3代目が、ポストにふさわしい実力を備えている保証はない。一族繁栄を維持できるかどうかは、やはり実力しだいのようだ。

かつて天皇に代わって朝廷の実権を握った蘇我《そが》氏。この蘇我氏を中大兄皇子《なかのおおえのおうじ》とともに滅ぼした中臣鎌足《なかとみのかまたり》は、その功績から藤原という姓を与えられる。鎌足はやがて蘇我氏に代わる実力者としてのし上がり、藤原氏繁栄のレールを敷いていくのだ。

ところで、皇族を利用して権力を握ったという点で、蘇我馬子《うまこ》と鎌足はよく似ている。

しかし蘇我氏が3代で滅んだのに対し、藤原氏は平安時代まで政治に君臨した。この違いは、2代目のデキの違いから生じたらしい。

馬子の後を継いだ蝦夷《えみし》はさしたる業績も残さず、父親が築いた栄華を謳歌して反感を買う。これに対して鎌足の息子である藤原不比等《ふじわらのふひと》は、父を凌ぐ優れた政治家だった。

彼の業績の中でも有名なのが、701年の★大宝律令《たいほうりつりょう》の完成だ。これによって日本は、より進んだ律令国家への道を歩き出す。

また708年に★平城京への遷都が決まった背景にも、不比等が大きく関わったとみられている。平城京の前の都は、694年にできたばかりの★藤原京である。唐の長安をモデ

★大宝律令の完成
現代に伝えられている条文は、その17年後に作られた養老律令のもの。しかしこれは大宝律令を一部改訂しただけのようで、その内容は大宝律令の段階ですでに完成されていたとみられる。

★平城京への遷都
遷都が行われたのは、遷都の詔発布から2年後の710年。場所は現在の奈良県。これ以後、794年に現在の京都にあたる平安京に遷都するまでの間を奈良時代と呼ぶ。

★藤原京
南北3・2キロメートル、東西2・1キロメートルの規模を有したという。しかし、近年ではその規模がもっと巨大だったとする大藤原京説も持ち上がっている。

ルに作られた本格的な都だ。

しかし藤原京の構造は、不比等が大宝律令でつくり上げた新しい政治組織にそぐわなかった。そこで彼は自ら掲げた政治を実現するために都まで作り変えてしまったというのである。

政権争いに忙しい？　藤原一族の権力への執念

新しい女性党首になって政権奪回に燃えている民進党だが、自民党一強の時代は当分続きそうだ。ただ、同じ党ながら互いの足を引っ張り合うのも日常茶飯事で、その地位を守るのはどの党も大変らしい。

権力者が政権の維持安定に腐心するというのは、もちろん古来からの伝統といえる。奈良時代の到来とともに権力を握った藤原氏も陰では相当な苦労を重ねていた。

不比等の没後、藤原氏の政敵となったのが★長屋王《ながやおう》だ。天

★長屋王
684〜729年。『懐風藻』『万葉集』に詩歌を収める歌人でもある。

武天皇の孫にあたる彼は左大臣の座に就き、一時は政権を掌握した。

これに対して政権奪回を図ったのが、藤原四家と呼ばれる不比等の4人の子供だ。武智麻呂《むちまろ》、房前《ふささき》、宇合《うまかい》、麻呂《まろ》である。

彼らはまず、聖武《しょうむ》天皇の妻だった不比等の娘、光明子《こうみょうし》を皇后に格上げしようとする。しかし皇族以外の女性が皇后に就いた例はなく、長屋王は強く反発した。

そこで藤原四家は、長屋王に謀反の疑いをかけて陥れる。729年、長屋王の屋敷は兵に包囲され、彼は自害に追い込まれるのだった。

こうして光明子は光明《こうみょう》皇后となり、藤原氏は権力を取り戻す。ところが737年、藤原四家は思わぬ形で命を落とすことになった。当時の都で猛威を振った天然痘により、4人ともあっさりと死んでしまうのだ。

その後台頭したのが、皇族の橘諸兄《たちばなのもろえ》だ。しかし、武智麻呂の子である仲麻呂《なかまろ》が光明皇后の力添えで力をつけると諸兄は自ら退く。

仲麻呂はやがて光明皇后の娘・孝謙《こうけん》女帝が退位した後、意のままに動く淳仁《じゅんにん》天皇を即位させた。

ところが、孝謙上皇は僧侶である道教《どうきょう》を寵愛し始め、仲麻呂は失脚に追い込まれる。そのため仲麻呂は764年、やはり兵に囲まれて自害してしまうのだ。

しかし、その道鏡も藤原氏の1人、藤原百川《ももかわ》によって失脚させられる。

こうして藤原氏による政権争いは、次の平安時代にまで持ち込まれていくのだ。

平安京の誕生は死者のたたりのお陰だった⁉

たたりを恐れる気持ちは、古今東西を通して変わらない

★橘諸兄
諸兄が退いた後、その息子によってクーデターが画策されたが、事前に発覚して失敗に終わった。

★道鏡
道鏡は性愛のテクニックで孝謙上皇を虜にしたとも伝えられるが、これは後世の創作というのが大方の見方。

★藤原百川
731〜779年。宇合の8子。孝謙上皇の没後、皇位に就こうとしていた道鏡を追放して政権を奪回する。

ものがある。特に科学が存在しなかった昔、死者のたたりは現実の恐怖と考えられた。

実は平安京遷都も、たたりを恐れるあまり行われたのではと考えられている。

７８４年、桓武《かんむ》天皇は新しい都・長岡京へ都を移した。こうして奈良に栄えた平城京は、遷都から74年後の７８４年にその歴史を閉じる。

桓武天皇が遷都を決めた背景には、次のような理由があったらしい。

まず道鏡をはじめとする仏教勢力が政治に介入するようになったため、これを断ち切ろうと考えた。また藤原氏などによる貴族政治を抑えて、天皇親政を実現しようとする狙いもあったようだ。

ところが長岡京の建設中、ある事件が起きる。建設を監督していた藤原種継《たねつぐ》が、何者かによって暗殺されたのだ。

そして犯人の一味として挙げられたのが、桓武天皇の実弟・早良親王《さわらしんのう》だ。

桓武天皇は、早良親王を淡路島へと島流しにしてしまうが、しかし早良親王は無罪を主張して食を断ち、淡路島へ向かう途中で衰弱死するのだ。

するとその後、桓武天皇の生母をはじめ、皇后や皇妃が次々と亡くなっていったのである。

さらに洪水などの天候不順も相次ぎ、桓武天皇は早良親王のたたりと恐れ始める。そのため忌まわしい長岡京を捨てて、新しい都へ遷都を決意したというのだ。

こうして794年、平安京への遷都が行われた。長岡京はたたりへの恐怖からたった10年で捨てられてしまったわけだ。

これによって奈良時代は終わりを告げ、平安時代の幕が上がることになる。

中央政権と地方行政の激しいバトル

バブル経済が崩壊してだいぶ経つが、土地神話も今となっては昔の話となった。それでも、ここまで国民が広い我が家を熱望している国というのも珍しいのではないだろうか。

もっともそんな日本も、かつては未開の領域が広がる国だった。律令政府は8世紀末頃から全国各地の平定に乗り出すのだ。

当時の北関東から東北、北海道にかけて、まだ律令政府に服属しない小勢力が各地にあった。政府は彼らを蝦夷《えぞ》★と呼んで、常に征服しようとしていたわけだ。

特に8世紀後半からは、蝦夷の反乱が相次ぐようになる。そのため、政府は785年から3度にわたって軍隊を派遣した。

また同じ頃、征夷大将軍に任命された坂上田村麻呂《さかのうえのたむらまろ》★が蝦

★蝦夷
これに対して南九州の小勢力は隼人《はやと》と呼ばれた。

★坂上田村麻呂
758～811年。平安時代の武将。後に京都の清水寺を草創した。ちなみに青森県のねぶた祭は、彼の討伐行が由来とされている。

夷討伐に繰り出している。

田村麻呂の後も、嵯峨《さが》天皇の代には文室綿麻呂《ふんやのわたまろ》が北方の蝦夷討伐に派遣された。しかしこうした軍事行動は、一方で律令政府の財政を圧迫するようになる。

そのため平安京の整備にも支障を来たし、しだいに行われなくなっていくのである。

一方、都では9世紀初頭から行政機構の改革がスタートしている。特にこの頃、律令制の規定にない官職＝令外《りょうげ》の官《かん》が盛んに設けられた。
★国司《こくし》の交代の際に事務引き継ぎを監督する勘解由使《かげゆし》、京都の治安維持にあたる検非違使《けびいし》などはその一例だ。このほか格《きゃく》や式《しき》と呼ばれる律令を補足修正した決まりに基づき、国政が運営されるようになる。
つまり、形式的な律令制度から現実的な政治へ向けた改革が進められたわけだ。

★国司
諸地方の政務を管掌した地方官のこと。

仏教

【キーワード】官寺／鑑真／最澄／空海／天台宗／真言宗／神仏習合／本地垂迹説

仏教普及の狙いは中央集権体制の強化にあった…

新興のカルト教団がよく使う宣伝文句の1つに「キリスト教も仏教も最初は新興宗教だった」というのがある。だからといってカルトそのものが正当化されるわけでもないのだが、たしかにもっともな言い分には違いない。

ただし、日本の仏教は国の庇護を受けて普及した点が、現代の新興宗教とは大きく異なる。そのきっかけとなったのは、ほかでもない聖徳太子だ。

もっともその背景には、政治的な思惑もあった。つまり、土着的な諸々の神を信じる従来の神道よりも、普遍的な教義を持つ仏教の方が中央集権体制にふさわしかったというわけだ。

奈良時代、仏教は国家の手厚い保護を受けていっそう発展していく。この頃に作られた寺院の代表といえば、ほかでもない東大寺。日本人なら誰でも知っている、例の巨大な大仏を擁する奈良のシンボルだ。

大仏は、743年に建立の詔《みことのり》が発せられ、9年後の752年に一応の完成★を見ている。

大仏は、聖武天皇の発願で作られたものだ。聖武天皇と光明皇后は仏教を篤く信仰していたことでつとに知られている。

彼らは、各地に国分寺や国分尼寺といった官寺、つまり国立の寺院を建てさせたりもしていた。

聖武天皇が大仏建立を思い立った背景には、当時の暗い世相があったらしい。各地で旱魃《かんばつ》、台風、地震といった災害が相次ぎ、天然痘の流行で律令政府の要人たちも次々と

★一応の完成
大仏、大仏殿ともに若干の作業が残っていた状態で、海外から僧などを招いて開眼供養会が行われた。

大
仏
聖武天皇
光明皇后
開
眼

命を落としていった。また九州の太宰府では、皇后の甥である藤原広嗣《ひろつぐ》★による反乱も起こっている。

聖武天皇は、こうした社会不安を仏の力によって取り除こうと考えたようだ。そのため大仏は、世界をあまねく照らすとされる盧舎那《るしゃな》仏像として作られている。

もっともその一方で、大仏には律令政府の富と力を海外に誇示する意図も込められていたらしい。

唐への旅は危険がいっぱい。命がけで教義を伝えた人々

訪問先の家で仏壇に手を合わせる時、気をつけなければいけないのが宗派だ。宗派によって線香のあげ方などが微妙に違っていたりするからだ。

こうした違いのルーツがつくられたのは、平安時代の頃のこと。当時の日本社会にとって、仏教はまさに海外の先進文化だった。そして、それを学ぶために多くの僧侶が遣★

★藤原広嗣
?〜740年。藤原四家の1人、宇合の子。政敵である橘諸兄らを除こうと挙兵したが敗れて殺された。

★遣唐使
およそ250年の間に十数回の派遣が行われている。1度に4隻の船団が組まれ、数百人がこれに分乗した。

唐使とともに唐へ渡っていった。

この僧たちが持ち帰った教義を土台にして、日本の仏教が徐々に形づくられていったわけである。

しかし航海技術が十分でなかった当時、唐への旅は文字どおり命がけだった。難破したり海賊に襲われたりと、生きて帰れることができればそれこそラッキーという時代だ。たとえば唐から渡来した僧である★鑑真《がんじん》の場合、日本へ渡るのに12年、計6度もの航海を要している。そしてついに日本へたどり着いた時には、途中の遭難のために失明してしまっていた。

８０４年、こうした苦しい旅を経て唐へ渡った２人の僧侶がいる。最澄《さいちょう》と空海《くうかい》だ。無事に日本へ帰り着いた２人は、それぞれが学んだ仏教の普及に努めていく。

唐で天台宗を学んだ最澄は、比叡山《ひえいざん》に延暦寺《えんりゃくじ》を開いてその教義を伝えた。天台宗は唐から帰国した円仁《えんじん》、円珍《えんちん》とい

★鑑真
688～763年。日本の学問僧らの懇願に応じて、753年に来日。

った僧らによって、山門派《さんもんは》、寺門派《じもんは》といった分派もつくられている。

一方の空海が学んだのは、当時まだ形成途上にあった密教だ。

彼はその教義を元に高野山《こうやさん》の金剛峰寺《こんごうぶじ》に真言宗を興し、京都の★教王護国寺《きょうおうごこくじ》を舞台に布教活動を行ったのである。

特に真言宗は現世での満足を求める一面があったため、この世の栄華を願う貴族らの間で特に広まったという。

天台宗も真言宗も、厳しい修行を通じて仏の力により人々の災いや不幸を取り除こうとするものだった。こうした教えはやがて皇族や貴族の間に定着し、仏教勢力の中心となっていくのである。

天照大神の正体は仏様!?

「神も仏もあったもんじゃない」などとよく言うが、たい

★教王護国寺
東寺ともいう。平安遷都とともに建立された官寺(国立の寺院)。密教を学んだ空海が日本で初めて密教寺院を誕生させた。

ていの国はどっちか片方で用が済んでいる。その点、なぜか手を合わす相手が2つもあるというのは、やはり日本ならではの伝統といえるようだ。

いうまでもなく、この2つは成り立ちが全く異なる。仏教がインド生まれの舶来文化であるのに対して、神道の方は日本古来の伝統宗教だ。

大和朝廷で物部氏と蘇我氏が対立したように、当初は仏教と神道は対立関係にあった。

しかし仏教が国から保護されるようになると、両者は共存の道を歩き始める。

2つの信仰が1つの文化に定着するのは、やはり世界的にも珍しいだろう。たとえばキリスト教が伝わったヨーロッパでは、それ以前の宗教はすべてきれいに消えてしまっている。

ところが、日本では神道がなくなるどころか2つの宗教が融合し始めた。これがいわゆる神仏習合《しんぶつしゅうごう》★だ。

神仏習合が進んだのは、8世紀から9世紀にかけて。本《ほん》地垂迹説《じすいじゃくせつ》という考え方が、その原動力となっている。

本地垂迹説とは、簡単に説明すると次のようなものだ。神の本地、つまり本体は仏であり、仏が神という仮の姿で★この世に現れるのである。

たとえば、天照大神《あまてらすおおみかみ》といえば神の代表のような存在だが、これも大日如来《だいにちにょらい》が本地であると説明されている。八幡大菩薩というように、神に仏号をつけて呼ぶようになったのもこの頃だ。

この神仏習合を伝統文化を見失わない美風と見る向きもあるが、風見鶏的で節操がない日本人の特質ともいえそうだ。

いずれにせよ本地垂迹説は、日本人の信仰を象徴するキーワードとなっている。

★神仏習合
日本固有のもので、神の信仰と仏教信仰が混ぜあわさったもの。

★仮の姿でこの世に現れる
仏や菩薩《ぼさつ》が衆生《しゅじょう》を救うために、仮に神として現れることを権現《ごんげん》という。

摂関政治

［キーワード］
摂政／関白／藤原道長／荘園整理令／院政

保護者と後見人が政治を支配した摂関政治とは

核家族化が進んだ現代、祖父の権威など存在しないにも等しいが、血縁関係が重んじられていた昔は、それが権力を牛耳る口実ともされていた。つまり、貴族が天皇の外祖《がいそ》父《ふ》となることで権力を握る時代があったのだ。

貴族が天皇の外祖父となり、摂政《せっしょう》、あるいは関白《かんぱく》の立場で実権を握る。この仕組みを摂関《せっかん》政治というが、考え出したのは律令《りつりょう》政府一の実力者、藤原氏だ。

まず摂政というのは、幼い天皇や女帝に代わって政務を執り行うポストのこと。いわば、天皇の保護者みたいなものだ。かつては聖徳太子が摂政の立場で政治に携わったこ

★外祖父
母方の祖父のこと。

ともある。

従来は皇太子が摂政に就くのが決まりだった。この伝統をはじめて破ったのが、藤原良房《よしふさ》★だ。清和《せいわ》天皇の外祖父となった彼は、臣下《しんか》としてはじめて摂政の座に就いた。

さらにその息子・基経《もとつね》は、宇多《うだ》天皇の代に関白に就任。関白とは成人した天皇の後見人のようなポストで、やはり政治の実権を持つのは同じだ。

こうして150年あまりにわたって続く藤原氏の摂関政治のレールが敷かれたのだ。

ところで、摂関を輩出する家系を摂関家と呼ぶ。当時の藤原氏はいくつかに分家していたが、そのどれもが摂関家になれるわけではない。摂関の座は、北家《ほっけ》と呼ばれる家系によって独占されていた。

この藤原北家はやがて承和《じょうわ》の変《へん》、応天《おうてん》の門《もん》の変によって伴《とも》、橘《たちばな》、紀《き》といった有力貴族を滅ぼす。こうして藤原氏は

★藤原良房
804~872年。嵯峨《さが》天皇の信を得て右大臣、左大臣を歴任した藤原冬嗣《ふゆつぐ》の子。

繁栄の頂点へと上っていくのだ。

運のよさでは日本一？　藤原道長のラッキー人生

運頼みの人生というのも情けないが、それでもいざという時にはやっぱり運は必要だ。

平安時代にも、運の力で権力の頂点にまで上り詰めた男がいる。藤原氏の摂関政治で繁栄の頂点を極めた★藤原道長《みちなが》がその人だ。実は彼の栄華は、幸運がもたらしたようなものだった。

そもそも彼は後に摂政、関白となる★藤原兼家《かねいえ》の4男として生まれている。4男ではただでさえ芽が出るチャンスが少ないうえに、当時の藤原北家では氏のトップの座を巡って★激しい争いが繰り広げられていた。

本来なら4男ごときが出る幕ではなかったのが、長男の道隆《みちたか》が関白となった後、次男、3男が相次いで病死してし

★藤原道長
966～1027年。

★藤原兼家
929～990年。一条天皇の外祖父となっている。

★激しい争い
兼通《かねみち》、兼家の兄弟争いなどが有名。道長も甥の伊周《いしゅう》と争った。

まう。そのため道長は、タナボタ式に摂関の地位争いという歴史の表舞台に躍り出ることになったのだ。

しかし、運が必要な局面はまだまだ続く。すでに述べたように、摂関の座に就くには天皇の外祖父であることがポイントとなる。

そのため藤原氏は自分の娘を天皇に嫁がせ、その子を天皇に即位させることで外祖父の地位を得ていたのだ。

一見よく考えられた方法のようだが、実は乗り越えなくてはいけないハードルが2つある。まず、最初に娘をもうけて育てなくてはいけない。さらに嫁いだ娘には、男の子を生んでもらう必要がある。

しかし、ここでも天は道長に味方した。彼が娘の彰子《しょうし》を一条《いちじょう》天皇に嫁がせると、後に後一条《ごいちじょう》天皇となる皇子が誕生したのだ。こうして道長は外祖父の地位を獲得することができたのである。

しかも彼の幸運は、これだけで終わらない。道長にはまだ妍子《けんし》、威子《いし》、嬉子《きし》という3人の娘がいたが、これをそれぞれ★三条天皇《さんじょう》、後一条天皇、後朱雀《ごすざく》天皇に嫁がせるという離れ業《わざ》をやってのけたのだ。

こうして道長は、実に約30年にわたって権力をほしいままにすることができた。日本史上、ここまで運がいい権力者も珍しいに違いない。

ワイロでウハウハ。摂関家はやっぱり辞められない！

今も昔も、カネというのはあるところに集まってくるものだ。摂関家となった藤原北家のところへも、まるで吸い寄せられるように富が集まっていった。

藤原北家の富は、今でいう贈収賄の形で集められたものだ。摂関家は天皇の権威をバックに一族で国家の要職を独占していた。

★三条天皇、後一条天皇、後朱雀天皇

三条天皇は976〜1017年。藤原道長の圧力で後一条天皇に譲位する。後一条天皇は1008〜1036年。道長の娘・彰子の子。後朱雀天皇は1009〜1045年。

なかでも強力なのが、官吏《かんり》の任免権を握っていたことである。そのため、現在のポストに再任されたい、あるいは目あての官職に就きたいという貴族らは、こぞって摂関家にさまざまな献上品を贈り届けた。

ちなみに当時は、ワイロとして馬を贈るのが慣例だったという。ある地方官吏は馬20頭のほか、砂金、絹、綿布などを道長に贈っていたことが記録に残されている。

単刀直入なワイロ以外に、行政制度を利用した贈収賄も行われた。寺社造営や宮中行事の費用を負担することで官職の座が得られる、成功《じょうごう》という制度がそれだ。

官職の座が欲しい貴族らはこぞって摂関家にさまざまな贈賄を行い、摂関家は成功という制度を通じて、その見返りに官職を与えたのである。

こうした不正は、何も摂関家に限った話ではない。摂関政治の時代には班田収授《はんでんしゅうじゅ》の法《ほう》が廃止され、地方行政は国司

ウハウハ ウハウハ
馬20頭
絹
砂金

と呼ばれる地方官吏に一任されていた。

国司たちは勝手に課税率を引き上げるなどして、私財を★肥やすことに専念していたようだ。なかには現地に赴かないまま収入を得る、遥任国司《ようにんこくし》というのも現れた。現代風にいえば、一種のカラ出張みたいなものだろう。

贈収賄や不正な蓄財が横行するようになっても、摂関家の関心事といえばやはり権力の獲得以外になかったようだ。たとえば権力のあることを見せつけるために、皇子は母方の実家、つまり摂関家で出産と子育てを行うといった習慣が生み出されたのである。

摂関家を封じ込める院政制度

自民党には政界の第一線を退いた後も、なぜか党内で強大な発言権を持つ議員がいる。〝闇将軍〟などと呼ばれたかつての田中角栄はその代表だろう。

★私財を肥やす
富裕な土地の国司の地位は、一種の利権として扱われていた。そのため、摂関家の下には国司のポストや再任を求める贈賄が相次いだ。

摂関家の台頭に押されっ放しだった天皇家が再起のために取り入れたのも、これと似たシステムだった。つまり、天皇を退いた後のポストから政治を牛耳ったわけだ。

その発端をつくったのは道長の息子、頼通《よりみち》だ。彼自身が何かをしたわけではないが、彼の娘が皇子をもうけることができなかったため、170年ぶりに摂関家と血の繋がりがない後三条《ごさんじょう》天皇が即位したのだ。

後三条天皇は天皇家の権力を取り戻すため、政治の刷新に乗り出した。なかでも有名な改革が荘園《しょうえん》整理令である。

これは各荘園に対して証拠書類を提出させ、不法な荘園などを★国衙《こくが》領とする制度だ。摂関家の荘園も例外でなく、相当な成果が上がったらしい。

後三条天皇の改革の上に立って新しい政治支配の手法を確立したのが、その後に続く白河《しらかわ》天皇だ。

彼は天皇の座を幼い皇太子に譲位して、自分は★上皇《じょうこう》とい

★国衙
諸国に置かれ、国司が執務する役所のこと。

★上皇
譲位後の天皇に与えられる称号。太上天皇、太上皇とも呼ばれる。さらに譲位後に出家した場合は、法皇と呼ばれる。

う立場から政治の実権を握るシステムをつくった。つまり、院政《いんせい》である。

院政は、天皇の後見人となった上皇個人の意思で専制的に進められた。それを支えたのは、天皇家の家父長という絶対的な権威だ。政治の権限は上皇の御所に設けられた院庁に移され、そこから出される院宣《いんぜん》には絶対的な効力があったという。

白河天皇の在位期間は14年ほどだが、上皇となってからは30年近くもの間、院政を動かしている。この伝統は続く鳥羽《とば》、後白河《ごしらかわ》上皇に受け継がれ、院政は約１００年にわたって続いた。

しかし、この制度にも落とし穴があった。院政は直属の武士をバックに権力を振っていたのだが、やがてこの武士勢力が強大化していき、院政そのものを脅かしていくのである。

国風文化

［キーワード］
ひらがな／カタカナ／浄土教／寝殿造り／紫式部／清少納言／紀貫之／古今和歌集／源氏物語

日本独自の文化は、ひらがなとカタカナから生まれた

仕事でも私生活においても、人のマネばかりでは一人前とみなされない。その意味では、日本文化もはじめは中国文化を模倣するだけの亜流に過ぎなかった。ようやく独自色を発揮するのは、10～11世紀の頃からである。

9世紀の終わり頃から東アジアは変動期を迎えている。907年に唐、926年に渤海《ぼっかい》、そして935年に新羅《しらぎ》が滅亡。とりわけ日本が影響を受けていた中国は、唐が滅んでから960年に宋《そう》が登場するまで混乱が続くようになる。

遣唐使は菅原道真《すがわらのみちざね》の進言で894年に廃止されていたものの、やはりこうした変動は日本に大きな影響をもたらし

★渤海
中国東北地方の東部、沿海州、朝鮮半島北部にかけて栄えた国。日本とも盛んに交流をしていた。

★新羅
朝鮮半島に成立した最初の統一王朝。356～935年。慶州を都とし、滅亡後は高麗に代わった。

★菅原道真
845～903年。平安前期の学者、政治家。

た。国交があった外国が軒並み滅んでしまったため、成りゆきで日本独自の文化が生まれ始めたのだ。こうした文化を国風《こくふう》文化と呼ぶ。

現在のひらがな、カタカナがつくられたのもこの頃だ。周知のとおりこの2つは、漢字を元につくられた文字である。かなが仮名、つまり仮の文字であるのに対して、漢字は真名《まな》とも呼ばれていた。

ひらがなは漢字を草書体に崩したもので、特に女性の間で日本文を書き記すのに用いられた。

一方のカタカナは部首の一部を取り出す形でつくられている。こちらは僧侶や学者が漢文を訓読するために用いられるのが主だった。

ひらがなは徐々に崩れていくことで生まれたため、なかなか文字の形が統一されなかった。

しかし11世紀のはじめ頃にはようやく定着し、広く普及する。そして、日本独自の古典文学の誕生へと繋がっていくのだ。

念仏を唱えて極楽に行こう！

念仏というと頭に浮かぶのが「ナンマイダ」だ。観光地の寺で手を合わせる時も、何となくこの文句を心の中で呟く人も多いのではないだろうか。

ナンマイダを正確に書くと、南無阿弥陀仏となる。見てのとおり阿弥陀仏の称号を唱えるこの念仏は、浄土教★から生まれたものだ。

浄土教とは、阿弥陀仏への信仰を通じて来世で極楽浄土に往生しようとする教えである。10世紀の半ば頃から日本で広く定着するようになった。

浄土教が普及した背景にあるのは、当時のすさんだ世相だ。芥川龍之介や黒澤明の『羅生門』に描かれたように、

★浄土教
京都の市中で念仏を広めた空也《くうや》、比叡山で『往生要集』を著した源信《げんしん》らによって普及が進んだ。

その頃の京都は荒廃して人心は乱れていた。こうした現世の不安から逃れようと、人々は浄土教にすがったようだ。

さらに「念仏を唱えれば極楽に行ける」というわかりやすい教えのため、浄土教は民衆から貴族まで幅広い層に支持された。この時代、貴族らは競うようにして阿弥陀堂や阿弥陀仏像を作っている。

それ以前の仏教美術は、唐の強い影響の下で作られていた。これに対して、浄土教の美術は日本人の趣味に同化しているのが特徴だ。ここにもやはり、国風文化の流れが表れているといえるだろう。

仏教以外の建築や美術でも、日本独自の様式が次々と生み出された。貴族の住宅として寝殿造りが普及したのもこの頃だ。庭は池や築山が設けられる庭園となり、室内には日本の風物を描いた大和絵が飾られた。

このほか、書道でも中国の影響から脱した和様の書風が確立されている。宗教も含めた日本文化の基盤は、この時代につくられたといってもいいだろう。

紫式部と清少納言はライバルだった

南米初開催のリオデジャネイロ五輪で、史上最多のメダルを獲得した日本。とりわけ、女子選手の活躍が記憶に新しいところだ。

日本史の舞台でも、女性の活躍は目覚ましい。なかでも金メダル級なのが、日本の古典文学の頂点を極めた2人の女性、紫式部《むらさきしきぶ》と清少納言《せいしょうなごん》だ。

平安時代に発達した仮名によって、日本の文学は大いに隆盛する。

まず、それまで主流だった漢詩に代わって和歌が盛んになった。醍醐《だいご》天皇の命により、紀貫之《きのつらゆき》★らの手で編まれた『古今和歌集』★はその代表だ。『万葉集』に比べて技巧の多

★紀貫之
866?～945年。平安前期の歌人。和歌は当代一だったが、官職では不遇だったといわれる。

★『古今和歌集』
1110首の和歌を収めた日本初の勅撰和歌集。913年頃に成立したとみられる。『古今集』『古今』とも呼ばれる。

さが目立つものの、優雅な和歌集となっている。

和歌とともに散文形式の文学が発達したのもこの時代の大きな特徴だ。代表的な作品としては、まず10世紀はじめ頃に伝説を元に書かれた『竹取物語』★『宇津保《うつぼ》物語』が挙げられる。

続いて現代でいうエッセイにあたる紀貫之の『土佐日記』や清少納言の『枕草子《まくらのそうし》』、そしてとどめはやはり紫式部の『源氏物語』★だ。『源氏物語』に至っては、日本の古典文学の発達において極致に達したといわれている。

紫式部と清少納言はともに漢文の教養を備え、当時から秀才の呼び声が高かったらしい。また同時代に生きた2人だけに、互いをライバルとして意識していたようだ。

紫式部は『紫式部日記』の中で清少納言のことを「したり顔にいみじうはべりける人」、つまり「知たり顔で偉そうだ」などと皮肉っている。

★『竹取物語』
仮名で書かれた最初の物語とされる。作者及び成立年ともに未詳。

★『源氏物語』
1001〜1005年にかけて書かれたとみられる。

平氏政権

【キーワード】荘園制／寄進地系荘園／不輸／不入／平将門／藤原純友／承平・天慶の乱／保元の乱／平清盛／源義朝／平治の乱

あまりに物騒な「武士」誕生のウラ事情

高度経済成長を迎えるまでほとんどの日本人は貧しい民衆だったが、不思議なことに今では武士道が日本的精神の代表のように語られる。勇猛にして文化や教養も身につけた武士像は、やはり庶民にとって憧れだったようだ。

そうした武士たちも、大昔から日本にいたわけではない。歴史の舞台に登場するのはやや遅く、平安時代を過ぎてからのことだった。

武士が誕生するきっかけとなったのが荘園制だ。荘園とは、貴族や寺社などが朝廷とは無関係に領有した私的な土地のことである。

743年に発布された墾田永年私財法《こんでんえいねんしざいほう》により公地公民制が廃され、土地の私有が認められた。そのため貴族らは次々と開墾して私有地である荘園を増やし、反対に国家側は経済基盤である土地と農民を失っていく。

そこで天皇や官庁もそれぞれの田を持ち、その収穫を出費にあてる荘園制が確立されたのである。

さらに10世紀以降、新しいスタイルの荘園として登場したのが寄進地系荘園《★きしんち》だ。これは、有力農民などの開発領主が開拓した土地を貴族や寺社に寄進することで生まれたものだ。

寄進といっても名目上のことで、実際に土地を支配したのは開発領主だった。つまり貴族や寺社の権威を利用して、国司による租税などを逃れようとしたわけだ。

こうして荘園は、しだいに国家から独立した大きな存在となっていく。租税を免除される不輸《ふゆ》、国司の使いの立ち

★寄進地系荘園
寄進地系荘園がさらに上位の者に寄進されることもあった。その際、従来の開発領主が領家と呼ばれるのに対して上級領主は本家と呼ばれた。

荘園

入りを拒否できる不入《ふにゅう》といった特権を得る荘園も増えていった。

やがて荘園の領主たちは、自分の土地を守り、同時に勢力を拡大するために武装化する。こうして生まれたのが武士だ。

当初、朝廷や貴族らは武士を諸国の治安維持に任じたり、警護役として利用しており、その立場は低いものと見られていた。侍《さむらい》という言葉も貴人のそばに仕える、つまり当時でいう「さぶらう」から生まれたものだ。

しかし侍を軽視していた貴族らは、やがて武士の力に圧倒されていくのだ。

武士の力を朝廷に知らしめた平将門の反乱

悪評高い〝天下り〟の習慣もなぜかいっこうになくなる気配はない。官僚側に問題視する意志がないのも一因だが、受け入れる側の団体や企業なども利権誘導などのおいしいメリットは手放しがたいようだ。

誕生したばかりの武士団も、これと似たようなことをやっていた。彼らはより権威のある連合をつくるため、都落ちした下級貴族を担ぎ上げたのだ。

こうして武士団の代表となった貴族は棟梁《とうりょう》と呼ばれる。武士のリーダーというと武芸に秀でた者というイメージがあるが、実態は都で芽が出なかった貴族に率いられていたわけだ。

この頃に生まれた棟梁の代表的存在が、桓武平氏《かんむへいし》と清和《せいわ》源氏《げんじ》である。桓武平氏は桓武天皇の末裔で、清和源氏は清和天皇の末裔とされている。

名前を見てわかるとおり、この両者が後に激しく対立する平氏と源氏のルーツだ。

桓武平氏は、9世紀末頃から東国★に根を下ろした。ここ

★東国
畿内から見て、東方に位置する諸国。平安時代以降は箱根、足柄、碓氷以東の国々がこれにあたる。

から最初に歴史の舞台へ躍り出たのは、有名な平将門《たいらのまさかど》★だ。

将門は国家に反乱を起こした最初の武士である。関東地方を中心に強い勢力を誇った将門は、独立国家建設の野望を抱いた。そして939年に常陸国府《ひたちこくふ》を襲撃して、自らを新皇《しんのう》と称して関東一円を支配下に置くのだ。

前例のない大規模な反乱に驚いた朝廷は、同じ平氏の平貞盛《さだもり》と藤原秀郷《ひでさと》らを追討軍として派遣。将門は騎馬戦に長《た》けた勇猛な武人だったが、運悪く流れ矢にあたって死んでしまった。こうして平将門の乱はあっけない幕切れとなるのである。

同じ頃、瀬戸内海では藤原純友《すみとも》★も乱を起こしている。彼は海賊を率いて挙兵したが、こちらも源経基《みなもとのつねもと》らに討たれた。

2つの乱は承平《じょうへい》・天慶《てんぎょう》の乱《らん》と呼ばれるが、いずれも武士によって鎮圧される結果となり、その力を誇示する契機にもなった。

★平将門
?～940年。

★藤原純友
?～941年。元は伊予の国司を務めた地方官吏。

武士の方が朝廷より一枚上手だった

武士は食わねど高楊枝《たかようじ》——。できれば見習いたくない悪習だが、これもやはり武士の心得の1つだ。こうした武士特有の文化がつくられるようになったのも、やはり平安時代のことだった。

承平・天慶の乱の鎮圧を契機として、武士は貴族の側近として中央で活躍し始めた。なかでも目覚ましく台頭したのが、平氏と源氏だ。平氏は一門である平将門の乱を、源氏は1031年に上総《★かずさ》で起こった平忠常《ただつね》の乱を鎮定。こうした武力行使の代行を通じて、それぞれ朝廷の政権維持に欠かせない存在となっていった。

さらに平氏は瀬戸内海の海賊を討伐、源氏は陸奥《★むつ》の豪族である安倍《あべ》・清原《きよはら》の乱の鎮圧などで功績を上げ、中央政界に進出するなど勢力を伸ばしていった。

★上総
現在の千葉県中央部あたりをさす。

★陸奥
青森、岩手、宮城、福島の各県全域及び秋田県の一部にあたる。

同時に院政時代の仏教保護政策も武士の進出に一役買っている。手厚い保護の下に力を貯えた大寺院は、僧兵を組織して朝廷に無理難題を強訴するようになっていた。

しかし貴族らは仏教を信仰するあまり、仏罰を恐れて僧兵には手出しできなかった。その点、武士は相手が僧兵だろうとお構いなしに殺してしまう。このため、朝廷は好んで彼らを重用するようになったのである。

このように武士が勢力を強めるなか、主従関係や武勇を重んじる武士独特の気風や倫理がつくられていく。それらの価値観は当時、「★武者《むしゃ》の習い」あるいは「つわものの道」などと呼ばれていた。

また、当初は野蛮な荒くれ者と思われていた彼らも、しだいに和歌などの教養を身につけ始めている。

武士をあざけりながら利用しているつもりの朝廷だったが、実態は武士が朝廷を利用して権力に近づいたとみる方

★武者の習い
武士の道義的精神である武士道のこと。古くは「もののふの道」、「ますらをの道」といい、その後「つわものの道」から「武者の習い」、さらに「侍道《さむらいどう》」、「武士の道」、「武士道」となる。

が正確だ。やがて両者の関係が逆転してしまうのも歴史の必然といえるだろう。

朝廷が武士に政権を奪われたのは不倫が原因だった!?

やれ不倫だ嫉妬だなどと、生産性のない感情に囚われているとロクな結果にならない。都で優雅な生活と権力ゲームに明け暮れた朝廷が新興勢力である武士に政権を乗っ取られたのも、結局はその退廃した生き方に原因があったようだ。

平氏政権が登場するきっかけとなったのは、1156年の保元《ほうげん》の乱である。この乱はそもそも院政を背景に生じた天皇家の権力争いが発端だ。

ことの起こりは、鳥羽上皇が第1皇子だった崇徳《すとく》天皇に対し、弟に譲位するよう命じたこと。崇徳天皇は我が子の重仁《しげひと》親王をその次の天皇にすることを条件に天皇の座を降りた。ところが鳥羽上皇は、この約束をひるがえしてしまう。

鳥羽上皇は息子の崇徳天皇を冷遇したようだが、それには理由があった。実は崇徳天皇は、鳥羽上皇の妻が祖父・白河上皇と不倫をしてできた子供だったらしいのだ。

鳥羽上皇が没すると、重仁親王の代わりに即位していた後白河天皇と崇徳上皇の間で武力闘争が勃発する。同じように内紛で二分していた摂関家もこれに加わった。

これが保元の乱だ。両者は互いに源氏と平氏からなる軍★勢を組織し、代理戦争を展開し、これに勝利したのが後白河方の平清盛《きよもり》と源義朝《よしとも》だ。

やがてこの両者も摂関家の内紛に発する平治《へいじ》の乱で衝突し、清盛が勝ち残った。

こうして2度の勝利でのし上がった清盛は、混乱した天皇家と摂関家を抑えて実権を掌握するのである。

★源氏と平氏からなる軍勢
崇徳天皇方についたのが平忠正《ただまさ》と源為朝《ためとも》。一方の後白河上皇方についたのが平清盛と源義朝である。

3時間目

鎌倉時代

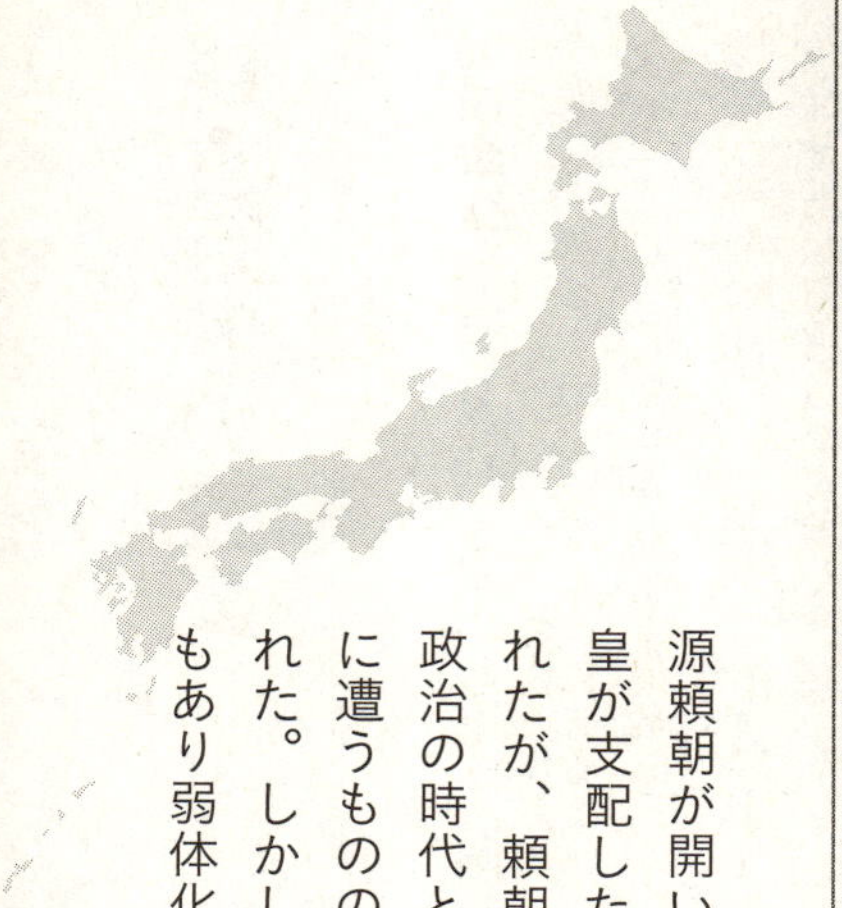

源頼朝が開いた本格的な武士政権が、鎌倉幕府だ。天皇が支配した時代は終わり、ついに武士の天下が訪れたが、頼朝の死後に平氏の北条家が台頭し、執権政治の時代となる。13世紀には2度にわたる「元寇」に遭うものの、「神の国日本」は大風のおかげで救われた。しかし、時の執権・北条時宗はその戦後処理もあり弱体化していく。

鎌倉幕府の盛衰

［キーワード］
平氏政権／日宋貿易／源頼朝／御家人／侍所／公文所／門注所／鎌倉幕府／守護／地頭

平氏政権を滅亡させた源氏と平氏の因縁の戦い

権力をカサに着て、いい気になっているヤツは長続きしない。このことを「奢《おご》る平家は久しからず」と言ったりする。いうまでもなくこれは、権勢を欲しいままにした平氏政権を指して評した言葉だ。

平治《へいじ》の乱の後、平清盛《たいらのきよもり》は１１６７年に太政大臣《だじょうだいじん》★に昇進。そして、摂関家《せっかん》がやったのと同じ方法で天皇の外祖父《がいそふ》となり、摂関家や院《いん》を抑えて政権を握った。さらに大勢の一門を高位公職に取り立てて、平氏支配を確立したのである。

清盛はこの間、対外貿易にも積極的に乗り出す。彼は摂★津の港・大輪田泊《おおわだのとまり》を修築して日宋《にっそう》貿易を推進し、自らの経

★太政大臣
律令制で設けられた官職。左右大臣の上位にあたるが、名誉職としての傾向も強い。

★摂津
大阪府西部、兵庫県南東部にあたる。

済基盤とした。日宋貿易は平氏を潤しただけでなく、日本の文化にも大きな影響を与えている。

しかし清盛の政権は、それ以前の貴族政治の模倣を超えることはなかった。そのため長く貴族に反感を抱いていた武士たちは、平氏に対しても反感を抱くようになる。

そんななか、1180年に後白河《ごしらかわ》法皇の皇子・以仁王《もちひとおう》が平氏打倒を呼びかけて挙兵。以仁王は討ち死にするが、源《みなもとの》頼朝《よりとも》、源義仲《よしなか》ら諸国の源氏が呼びかけに応えて蜂起した。ここから5年にわたる源平の争乱が始まるのである。

平氏では、運悪く清盛がその翌年に急逝。さらに関西以西一帯に広がる大飢饉の打撃を受けて、1183年には義仲の軍勢に追われて西へと逃亡する羽目になった。

義仲は隙をみて法皇を幽閉してクーデターを断行するが、頼朝は弟の義経《よしつね》を派遣してこれを鎮圧。さらに義経に命じて平氏を追わせた。そして義経は1185年、壇★の浦で平

★壇の浦
山口県下関市の海岸一帯の一部。

氏を追い詰めて滅ぼしてしまうのである。こうして清盛が太政大臣に就いてからわずか18年で平氏政権は幕を閉じたのだ。

源頼朝が弟を殺害！　骨肉の政変の入り組んだ事情

兄弟は他人の始まりとはよくいったものだが、それが中世の時代ともなれば、権力の座を巡って兄弟同士が殺し合うことも厭《いと》わなかった。

壇の浦で平氏を滅ぼした義経は、日本史の登場人物の中でも英雄として人気が高い。しかし義経は、壇の浦の戦いから間もなく兄の頼朝によって討ち殺されてしまう。いったい何がこの兄弟を殺し合いに向かわせたのだろうか。

一般には頼朝が血も涙もない悪者のように描かれることが多いが、実はもう少し入り組んだ事情があった。この兄弟の関係に第三者として加わるのが朝廷だ。

朝廷は平氏滅亡後、急速に権力を強める頼朝を脅威に感じ始めていた。彼は法皇の上洛《じょうらく》命令を無視して鎌倉に留まったばかりか、参集した武士を御家人《ごけにん》として組織し、侍所《さむらいどころ》を設けて統制したのだ。

さらに、1184年には★公文所《くもんじょ》や問注所《もんちゅうじょ》といった行政機関まで設置して、貴族政権とは異なる統治組織を鎌倉につくり上げたのだ。

これに慌てた後白河法皇が頼みとしたのが義経だった。彼はそもそも頼朝が禁じていたのに朝廷から位階を授かるなど、朝廷に接近する動きがあった人物だ。そこで、法皇は義経に頼朝追討を命じるのだ。

ところが頼朝は反対に法皇を強迫し、数々の権限強化を取りつけると同時に、義経追討の院宣《いんぜん》まで出させてしまうのである。

こうして頼朝は義経に兵を差し向け、追われた義経は幼

★公文所
後に政所と改称される。

少の頃に縁のあった★奥州平泉《おうしゅうひらいずみ》の藤原秀衡《ふじわらのひでひら》の下に身を寄せる。ところが頼朝側に寝返った秀衡の子、泰衡《やすひら》に襲われて自刃することになるのだ。

頼朝が築いた鎌倉時代は「イイクニ」ではなかった!?

血縁だとか恩の貸し借りといった情緒的な関係より、ギブアンドテイクの方がサバサバしてつき合いやすいものだ。源頼朝が鎌倉に開いた鎌倉幕府も、家臣との関係にこのギブアンドテイクが採用されていた。

平氏を滅ぼし、政敵と睨んだ弟・義経も討った頼朝。彼は１１８９年に奥州の藤原氏も討ち、さらに西国の武士も次々と家臣にした。

そして１１９２年、頼朝は朝廷から征夷大将軍の座を与えられる。こうした動きの中で鎌倉幕府が誕生したのだ。

鎌倉幕府の成立年を聞かれて、「イイクニつくろう」の

★奥州平泉の藤原秀衡
中臣鎌足に連なる藤原氏とは別の一門。かつて東北に蝦夷の2大首長として栄えた清原氏の末裔である。

フレーズが浮かぶ人が多いに違いない。この1192年成立説は、頼朝の征夷大将軍任命に基づいたものだ。

ところが最近では、侍所設置の1180年、朝廷が東国支配を承認した1183年、公文所・門注所が設置された1184年など、さまざまな説★に分かれている。お馴染みのイイクニ説は、むしろ現在は少数派となったようだ。

貴族をまねて反感を買った平氏政権と異なり、鎌倉幕府は武士同士の主従関係を支配の根本に置いた。それを支えたのが御恩《ごおん》と奉公《ほうこう》という、ギブアンドテイクの関係だ。

御家人＝家臣は幕府・将軍に対し奉公を行い、幕府は奉公に対し御恩を与える。

具体的にいうと、御家人は頼朝に対して軍役や経済援助を行い、その代償として守護《しゅご》★・地頭《じとう》といった地方役人に選ばれて利権を獲得するわけだ。この主従関係によって結ばれる制度が、いわゆる封建制度★である。

★さまざまな説
このほか、頼朝が守護・地頭の任免権を得た1185年説、頼朝が右近衛大将に任じられた1190年説などがある。

★守護・地頭
守護は国ごとに置かれ、国内の軍事、警察を担当。地頭は荘園などに置かれ、年貢の徴収、土地管理、治安維持などにあたった。

★封建制度
封建制度の意味には次の2通りがある。ここで述べたように御恩・奉公で主従関係が結ばれる制度を指す場合と、領主が民衆を土地に縛りつけて地代を徴収する社会制度を指す場合とがある。

こうして幕府の権力を強化した頼朝だったが、朝廷に対して当面は不介入の立場を選んだ。そのため日本は、東の幕府と西の朝廷という2つの政権が並ぶ時代となった。

政権の短命記録でも平氏に勝った！

仕事でも勉強でも恋愛にしてもそうだが、成功したつもりになって気が緩むと、思わぬことから足をすくわれることがある。「勝って兜《かぶと》の緒を締めよ」と聞いて、耳の痛い覚えがある人は少なくないのではないだろうか。

一代にして鎌倉幕府を築き上げた源頼朝が、非常に優れたリーダーだったことに疑いの余地はない。ところが源氏の没落は、18年という短命で終わった平氏政権を凌ぐ新記録をつくってしまったのだ。

頼朝が没したのは、１１９９年のこと。征夷大将軍に任命されてからわずか7年後のことで、死因は未だに歴史の闇に包まれている。幕府の正史『吾妻鏡《あずまかがみ》』にも記述がなく、どうやら意図的に秘匿されているらしい。

落馬して打ちどころが悪く死んだとも伝えられるが、本当ならたしかに隠したくなる死因といえるかもしれない。

頼朝の強大な権力はまず、嫡男《ちゃくなん》（正妻が産んだ長男）の頼家《よりいえ》に受け継がれた。ところが頼家はその専横ぶりが御家人の反感を買い、将軍に就いた3カ月後に権力を剥奪されてしまう。その結果、幕府の政治は合議によって取り仕切られることになった。

頼家はやがて御家人らによって伊豆・修善寺に幽閉され、1204年に暗殺される。御家人たちは続いて頼家の弟・実朝《さねとも》を将軍に据えて、幕府の実権を握った。

しかし、その実朝も1219年に暗殺され、頼朝の子孫は全て絶えてしまう。こうして栄光を掴んだはずの源氏は、頼朝が没した後すぐに歴史の舞台から消えるのである。

★『吾妻鏡』
鎌倉幕府が編纂した公的記録。1180年から1266年までを収める。

★意図的に秘匿
暗殺説も昔から根強い。

★頼家
1182～1204年。

★1219年に暗殺
実朝を暗殺したのは、大豪族三浦氏にそそのかされたとされる甥の公暁《くぎょう》。公暁も後に三浦氏の手で暗殺された。

執権政治

［キーワード］
北条氏／北条政子／執権／後鳥羽上皇／承久の乱／連署／御成敗式目／得宗家／安堵／得宗専制

実権をちゃっかり横取りした北条氏に魔の手が迫る！

ビジネスでも学問でもそうだが、その分野で最初に何かを確立したパイオニアの立場は意外に脆い。後から登場した第三者に、それまで苦労して築いた業績を〃いいとこ取り〃されるケースがあるからだ。

源頼朝も結局は鎌倉幕府を開いた業績を横取りされるようにして歴史から消えていった。その頼朝の業績をちゃっかり頂戴したのは、伊豆を本拠地とする一御家人である北★条氏《ほうじょう》だ。

北条氏は、頼家から権力を簒奪《さんだつ》した13人の有力御家人の1つ。ほかでもない頼朝の妻、そして頼家の母である北条

★北条氏
平貞盛の子孫である時家が伊豆に移り住み、北条氏を称したことに端を発する。

北条時政
政子
頼朝
実朝
頼家
暗殺

政子《まさこ》を輩出した一族でもある。

政子の父、北条時政《ときまさ》★は名目上、将軍の外祖父ということになる。時政はこの立場を利用して御家人の頂点に立った。そして彼は、頼家暗殺から実朝擁立までの政変を主導していく。

さらに対立する重臣を次々と滅ぼし、鎌倉幕府の実権を掌握するのである。

時政は侍所と政所《まんどころ》（＝公文所）の別当、つまり長官の座を兼任する形で権力を振った。この地位は執権と呼ばれ、後に北条氏が代々受け継いでいくことになる。これが、いわゆる執権政治の始まりだ。

鎌倉幕府を北条氏が支配するようになってからも朝廷と幕府の共存は続いていた。しかし朝廷側は北条氏の台頭を横目で見ながら、幕府に武力で対抗する準備を進めていく。

この動きの中心人物が、後鳥羽《ごとば》上皇だ。院政を敷いてい

★北条時政
1138〜1215年。後に娘婿を将軍に就けようとしたところ、政子と息子の義時に阻止されて失脚する。

た彼は、まず鎌倉寄りの公卿★を追放。さらに財力にモノをいわせて、院を警護する武士を駆り集めた。

当時、まだ上皇は武士は朝廷のいいなりになるものという古い考えから抜け出せていなかったらしい。

そのため、朝廷と幕府はお互いに一歩も妥協しないまま対立を深め、ついに武力衝突へと発展していくことになるのである。

朝廷の敗因は「根回し」不足？

日本の政治を象徴するキーワードでもある「根回し」。小ズルイやり方のようでもあるが、やはり強力な戦術であることはたしかだ。打倒鎌倉の大スローガンを掲げて張り切っていた後鳥羽上皇が大コケしたのも、この根回しを怠ったのが敗因ということもできる。

1219年に3代将軍源実朝が暗殺されると、鎌倉幕府

★公卿
公と卿の総称。公は太政大臣と左・右大臣、卿は大・中納言などの官職を指す。

は動揺した。実権を握ったとはいえ北条氏の求心力は弱く、御家人たちにとってはまだ将軍あっての幕府だったからだ。

かねてから北条氏を失脚させるチャンスを窺っていた後鳥羽上皇にとって、この動揺はまたとない好機と映った。そこで1221年、上皇はついに北条氏追討の院宣《いんぜん》を下して挙兵する。こうして起こったのが承久《じょうきゅう》の乱だ。

ところが院宣に応じた武士は、わずか1万あまり。残りはすべて時の執権、北条義時《よしとき》側に回ってしまったのだ。つまり、武士たちは院宣の威光★に従うだろうという上皇の思惑は、ものの見事に大外れしてしまったわけだ。

もっとも、武士たちも最初は院宣を受けて混乱したらしい。そんな彼らを叱咤して士気を高めたのが、源頼朝の妻でもあった尼将軍、北条政子だ。

彼女は御家人たちを集め、「武士の地位を高めた頼朝の恩に報いるのは今しかない」と熱弁を振って尻込みする武

★院宣の威光
それでも朝廷の権威は武士にとって侵しがたいものだったらしい。義時は京都へ派遣した息子の泰時に対して、もし上皇自ら出陣すれば降伏するよう命じている。

士たちを奮い立たせた。

さらに「朝廷に従う者があれば自分を斬り捨ててから京都に行け」と言い、御家人たちをたじろがせたエピソードは有名である。

もちろん、政子の主張は武士の利益に適うものでもあった。そのため御家人たちはみな政子に従い、最終的には19万もの大軍が京都へ侵攻することになる。

戦いは幕府側の圧勝に終わり、なす術もなく捕えられた上皇は流刑地となった隠岐《おき》で一生を終えた。

こうして幕府と朝廷による二元政治は終わりを告げ、武★家による初の全国政権が誕生するのである。

武士には武士のルールが必要

たとえどっちに非があっても、ケンカをしたら両方とも悪い。これが喧嘩両成敗というやつだ。かなり乱暴なルー

★武家による初の全国政権
朝廷に圧勝した義時は、その後も京都に六波羅《ろくはら》探題《たんだい》を置いて朝廷を監視する。

ルだが、非常にわかりやすいことはたしかである。

喧嘩両成敗は、そもそも武家社会の秩序維持のために考え出された決まりだ。その背景には、武家による初の全国政権の誕生という時代の必然があった。

一般的なイメージどおり、公家と武家では道徳や慣習がかなり異なる。そのため武士は律令という朝廷の法ではなく、独自の価値基準に従って争いなどを裁いてきた。この基準は道理《どうり》、あるいは先例《せんれい》と呼ばれる。

承久の乱で全国を支配することになった北条氏は、急増する幕府への訴訟要求に悩まされるようになる。そこで3代執権・泰時《やすとき》は、武家社会の基準に基づいた改革に乗り出すのだ。

彼はまず連署《れんしょ》というポストを定め、執権の補佐役とした。連署は執権とほぼ同じ職権を持っているため、実質的には執権が2人になったようなものだ。

このほか有力な御家人を評定衆《ひょうじょうしゅう》や、引付衆《ひきつけしゅう》というポストに任命し、政務処理や裁判などにあたらせている。

さらに1232年、泰時は道理や先例を整理して、51カ条からなる武家の成文法を完成させた。これが★御成敗式目《ごせいばいしきもく》だ。そこでは御家人同士、あるいは御家人と荘園領主の間の紛争を公平に裁く基準が平易に明文化されている。

鎌倉幕府の滅亡後も御成敗式目は長く武家の根本法典として尊重された。江戸幕府が1615年に制定した★武家《ぶけ》諸法度《しょはっと》にもその影響を見ることは可能だ。

いかに御成敗式目が武家の間で尊重される内容だったか窺えるだろう。

権力に溺れて独裁開始。北条氏の末路は自業自得？

長期単独政権は腐敗するという法則は、政界だけでなくビジネスにおいても共通している。ご多分に漏れず、日本

★御成敗式目
貞永《じょうえい》式目ともいう。式目の適用範囲は幕府の支配地と御家人に限られる。朝廷の支配地では公家法が、荘園領主の下では本所法がそれぞれ効力を持つ。

★武家諸法度
大名が守るべきことを示したもので、新規に城を建ててはいけない、大名間の自由な通婚を禁止するといった内容だった。

史の世界でも同じことがあてはまるらしい。

武士の支持を集めて成立した鎌倉幕府だったが、やがて専横を極めた執権・北条氏に御家人の反感が高まるようになる。

源実朝の暗殺により、源氏の将軍は3代で断絶した。しかし鎌倉幕府は、政権維持に将軍の権威が欠かせなかったようだ。

京都の摂関家から藤原頼経《よりつね》が迎えられ、空位となっていた将軍の座に担ぎ上げられた。摂関家出身の将軍が2代続いた後は、皇族である親王が将軍に据えられている。

もちろん、将軍は名目だけのお飾り的存在だ。実権を握っていたのはあくまで北条氏であり、時代を追うごとに北条氏は勢力を増し、数多くの守護職を独占するようになった。

その北条一族の中でも、とりわけ権勢を振ったのが得宗《とくそう》家である。これは北条氏の嫡流《ちゃくりゅう》、つまり本家の家筋のことだ。

13世紀後半から力を増した得宗家は9代執権・貞時《さだとき》の時に、将軍の特権だった安堵《あんど》権限をも掌握。安堵は土地の所有などを承認する権限であり、それを有する者は強い支配力を握ることになる。

さらに有力御家人だった★安達泰盛《あだちやすもり》を滅ぼし、絶対的な独裁を行うようになった。この時代の幕政を得宗専制と呼ぶ。

しかしそんな北条氏に対して、武士がおとなしく服従しているわけはない。幕府に対する忠誠心はしだいに薄れ、幕府に属さない新興武士★まで現れた。

こうした状況に乗じて醍醐《だいご》天皇が討幕運動を展開すると、北条氏の長期政権で弱体化した鎌倉幕府はあっさりと滅亡してしまうのだ。

★安達泰盛を滅ぼし
1285年に起こった霜月騒動でのこと。

★新興武士
悪党と呼ばれる。荘園領主や幕府に反抗し、社会的秩序を乱す存在とされた。

蒙古襲来

［キーワード］
モンゴル帝国／チンギス・ハン／フビライ・ハン／元寇

モンゴル帝国が攻めてきた！

かつて『「NO」と言える日本』という本が話題になったことがある。流行語にもなったタイトルの意味は、外圧に対して拒否すべきものは拒否しろということだ。たしかに日本の外交姿勢は曖昧で歯切れが悪い印象が否めない。

しかし歴史を振り返ってみると、はっきり「NO」と言った例がないわけではない。服属を迫ってきたモンゴル帝国への対応も、その一例といえる。

12世紀後半のモンゴル高原に生まれたチンギス・ハン★は、またたく間に高原の諸民族を平定してモンゴル帝国をつくり上げた。騎馬戦を得意とする帝国は殺戮に殺戮を重ね、

★チンギス・ハン
1167～1227年（在位1206～1227年）。ジンギス汗とも呼ばれる。

まず西へ勢力を伸ばしていく。やがてヨーロッパにまで版図を広げるようになり、モンゴル帝国は未曾有の大帝国に成長したのである。

チンギス・ハンの孫で5代皇帝となったフビライ・ハン★は、さらに宋への侵攻を果たす。彼は帝都を現在の北京に移し、国名を元《げん》と改めた。こうしてモンゴル帝国は、中国全土を支配下に置くことになったのである。

フビライはまた東へ進出し、朝鮮半島の高麗《こうらい》を攻撃。高麗は30年あまりにわたって抵抗を繰り広げたが、ついに元に服属する。

高麗を手中にしたフビライは、それでも東への進出を止めようとしなかった。彼が新たな攻撃目標として定めたのは朝鮮半島から海を渡った島国、ほかでもない日本だ。

もっとも、元はいきなり日本に攻め入ることはしなかった。最初に何度も使いを送り、帝国の武力をほのめかしな

★フビライ・ハン
1215～1294年（在位1271～1294年）。

がら日本へ服属を迫っている。ところが、これに対して鎌倉幕府は強硬な姿勢で「NO」を繰り返したわけだ。

そこでしびれを切らしたフビライは、武力による日本制圧に乗り出した。

1274年、朝鮮半島から3万の大軍を乗せた船団が日本に向けて出発する。これが後にいう元寇《げんこう》★の始まりだ。

これこそ「神風」だ！　負け戦を2度も救った奇跡とは

「神風」とはそもそも神の力で吹く風のことをいう。台風が多い日本では昔から風に対して恐れ、神に従わないとその神風で罰を受けるといわれてきた。

しかし極めて不幸なことに、この言葉は海外にも広く知れわたってしまった。いうまでもなく、第2次世界大戦中の神風特攻隊によってである。

周知のとおり、〝神風信仰〟が生まれたのは元寇がきっ

★元寇
1274年の文永の役、続く1281年の弘安の役を合わせて元寇と呼ぶ。

かけだ。そもそも空前の大帝国であるモンゴル帝国に対し、武士は勝ち目がなかった。

何しろ相手は大陸で数々の異民族を制圧した百戦連磨のプロ集団である。それに対して国内紛争しか体験のない武士らでは、実力が違い過ぎたのだ。

モンゴル兵はまず統制が優れていた。将軍は高みから太鼓などを使って指揮したといわれている。

また、騎馬民族出身だけあって馬の扱いに長《た》け、機動力もあった。さらに身軽な鎧《よろい》で自由に動き回ったという。

これに対して日本は、敵味方から1人ずつ名乗りを上げて刀を交えるのが習わしだった。「やあやあ我こそは」というヤツだ。

しかし、モンゴル兵は名乗りを聞き終える前に集団で討ち殺してしまう。これに対して武士たちは、何と無作法な連中かと憤慨したそうだ。

しかもモンゴル側には、日本が知らない秘密兵器があった。それが「てつはう」、つまり鉄砲だ。

これは現代の我々がイメージする銃とは異なり、鉄球に火薬を詰めたものだ。

てつはうが炸裂する時の轟音は、当時の日本人はまだ1人も聞いたことがなかった。そのため武士はてつはうに肝を潰し、戦意を喪失する始末だった。

そんな日本を救ったのが、暴風雨である。日が暮れると夜襲を警戒して自船へ引き上げた元軍は、夜中に吹き荒れた★暴風雨によって全滅してしまうのだ。

さらに1281年、14万に兵を増やして再び日本へ侵攻した際も★元軍は台風によって全滅している。

このことから「日本は神の国なので、いざという時は神風が吹いて助けてもらえる」という、何とも嫌味な信仰が生まれたわけだ。

★暴風雨によって全滅
一時退去した元軍は、2度目の侵攻までの間に宋を攻撃して滅ぼしている。

★元軍は台風によって全滅
元は3度目の侵攻を計画したが、高麗などの反乱が相次いだため延期され、フビライの死により中止された。

外国との戦に勝っても苦しい台所事情

戦争は勝っても負けてもカネがかかる。折からの〝神風〟によって元は敗退したが、時の権力者のフトコロにまで神風は吹かなかったようだ。

前述したように鎌倉幕府と御家人は、御恩と奉公というギブアンドテイクの関係で結ばれていたが、しかし元寇はこのルールにあてはまらなかった。

国内の戦争なら武士は報償として征服した土地などを得ることができる。

しかし元を退けても土地が得られるわけでなく、御恩の部分が欠落してしまったのだ。

一方で御家人たちは、元寇のために多大な出費や犠牲を支払わされている。

もっとも、そうした事情は幕府も同じで、御家人の不満を顧みる余裕はなかった。

しかも幕府は、元寇の後に異国警護の体制を強化した。そのため、見返りのない奉公はその後も続くのだ。

さらに、この頃から御家人が経済的に困窮する現象が現れ始めた。そのいい例が土地の相続の問題だ。

御家人は、長男以外の子にも土地を分け与えて相続させるのが習わしだった。

しかし当然ながら、それでは1人あたりの土地が代を経るごとに小さくなっていくことになる。そのため御家人の経済基盤は弱くなり、★借上《かしあげ》という高利貸に所領を売却したり質入れしたりする始末だった。

しかし困窮する御家人を横目に、執権・北条氏は得宗政治による独裁を強化していく。当然のようにその求心力は弱くなり、幕府は滅亡への坂道を転がり落ち始めるのだった。

★借上
1297年、幕府は徳政令を出して御家人の質地を無償で返還させた。しかし借上や商人らの反感を買い、かえって状況は悪化した。

産業の発達

［キーワード］
寛喜の大飢饉／定期市／問丸／座／宋銭／下地中分／物領

権力争いの陰で発達する農業と漁業

今の日本の繁栄があるのも、元をたどれば製造業ががんばったお陰である。やはり人間は何かを作っていかないと、メシが食べられない宿命なのだ。

為政者たちが日本史の表舞台で権力闘争を繰り広げられるのも、名もない農民たちが彼らのために働かされていたからだ。

権力を巡る不毛な争いの陰で、農民たちは着々と生産性を向上させていた。そうした積み重ねは、やがて鎌倉時代に時代の趨勢《すうせい》となって現れる。

承久の乱から10年後の１２３１年、前年の異常気象に端を発する寛喜《かんき》の大飢饉が発生。飢饉は全国規模で広がり、田畑は荒れ果て、各地で餓死者が続出した。

農村はこの大飢饉によって打撃を受けたが、徐々に復興に向けて歩き出す。13世紀半ばになって、ようやく農村は復活。それとともに、収穫を増やすさまざまな試みが実を結ぶようになった。

西国一帯ではコメとムギの二毛作が普及し、また農具も改良が加えられ、鍬《くわ》や鎌《かま》などが全国に伝わった。このほか牛馬を使った農耕や、草木の灰を肥料として用いる方法なども同じ頃に生まれたものだ。

農業以外にも、各地で特産物の生産が発達した。また伊勢・志摩、若狭、瀬戸内海などの漁民★らは、海産物を通じて交易にも従事するようになる。

こうした第1次産業の発達によって、日本の産業構造はしだいに変化していった。流通、金融といった経済活動が

★漁民
彼らは塩や魚介類などの海産物を年貢として納入する供御人《くごにん》、寄人《よりうど》などとして組織されていた。

盛んに行われるようになったのだ。

高利貸しまで登場、鎌倉時代の実権はカネが握ってる？

アジアに出かけた時に、覗いてみたくなるのが市場だ。庶民の生活を支える雑多でエネルギッシュな世界は、今の日本ではすっかり見られなくなったものだ。

日本でそうした市場が広く開かれ出したのは、鎌倉時代のこととされている。農業技術の発達で生産性が上がるにつれ、定期市★が開かれるようになったのだ。

市場の普及によって、さまざまな新しい職業も生み出された。畿内を中心に港や河川沿いの要地で発達した問丸《といまる》もその1つである。

これは商品の運送や委託販売などを行う仕事で、同時に年貢の輸送なども請け負っていた。

同じ頃、商人や職人らによって座《ざ》と呼ばれる同業組合が

★定期市
当時の市場は、荘園の中心地、交通の要地、寺社の門前などを舞台としていた。

つくられている。彼らはそもそも貴族、僧侶、御家人らのために交易し、鍛冶《かじ》や建築などの労役に就いた層だった。座を設けた後も座役《ざやく》を納入していたが、その中から職人や旅商人などが現れるようになる。

一方、都では都市の整備が進むにつれて庶民の暮らしも向上し始め、町衆《まちしゅう》と呼ばれる都市生活者層が登場する。

経済活動になくてはならないものといえばカネだが、その頃の日本では貨幣が作られなかったため、日宋貿易でもたらされた宋銭が流通していた。

貨幣経済の発展とともにカネにまつわる商売も生まれている。なかでも高利貸業者である借上はその代表だ。

また遠隔地との代金の決済には、替銭《かえぜに》と呼ばれる為替が用いられるようになった。このほか領主への年貢や、公事《くじ》を金銭で納入する代銭納《だいせんのう》というシステムも普及している。

為政者が権力争いに明け暮れる陰で、名もない民衆たちの

★座役
座の構成員が領主に納めた営業税。

★公事
当時の雑税。

手によって着実に経済社会の基盤づくりが進んでいったのだ。

すでに誕生していた土地バブルのルーツ

特に国土が狭い日本では、土地がもたらす富は計り知れない。バブル時代をよくいう人は少ないが、内心その再来を心待ちにしている土地オーナーは多いことだろう。

鎌倉時代にも、土地という利権を巡ってさまざまな争いやトラブルが生じている。

13世紀の中頃から、幕府の権威を背景にして地頭らが公家の荘園や徴税を請け負う有力農民の土地に介入するようになった。

彼らは年貢を横領したり土地を略奪するなど、もめ事を起こし始める。そのため貴族らは荘園経営に精通した者を荘官に任命するなど、地頭との対立が深まっていった。

また一方で、荘園の土地を分割して一部を地頭に与える代わりに、残りの領主権を侵略しないことを約束させる妥協策も講じられている。この仕組みのことを下地中分《したじちゅうぶん》と呼ぶ。

もっとも、御家人の側も台所事情はかなり苦しくなっていた。後の時代にもいわれることだが、武士は戦争をしないと土地、つまり利権を増やすことができない。

しかし、幕政の下でそれを望むのは不可能だ。さらに嫡男以外にも土地を分け与える習慣から、彼ら1人あたりの土地は代々小さくなっていくのである。

そうした事情を背景にして、御家人の社会も変化し始めた。庶子《しょし》、今でいう次男坊三男坊らが、惣領《そうりょう》＝後継ぎに選ばれた嫡男の下から独立★する動きが強まったのだ。

こうして土地を巡る衝突は、鎌倉時代の社会を徐々に変革させていったのだった。

★独立する動き
庶子が惣領から独立するようになると、御家人は地域を同じくする一族同士で連合し、互いに協力・援助しながら地域支配を行うようになる。

鎌倉文化

【キーワード】
新古今和歌集／法然／親鸞／浄土宗／浄土真宗／法華宗／大仏様／禅宗様／運慶／平家物語

政権は武士が握っても文化はまだまだ公家のもの？

個性的な社員が入社して、職場の空気がいつの間にか変わってしまうことはよくある話だ。新しいキャラクターの登場は、やはりその場の雰囲気をつくり変えてしまうものらしい。

平安時代まで文化を主導してきたのは、公家貴族たちだ。優雅で華美な文化は、おっとりした彼らの生き方を表しているといえるだろう。

鎌倉時代になって、そこに登場してきたのが武士たちだ。武士が支配階級となったことで、当然ながら文化の傾向も大きく変わっていく。武士がつくり上げる文化は、彼らの生活を反映して実に力強く、写実的なのが特徴だ。

もっとも時代の趨勢は武士を中心に動いていたとはいえ、伝統文化を受け継ぐ公家の権威もまだ影響力を残していた。

そのため源頼朝をはじめ幕府の指導者たちは、武士独特の気風を確立するかたわら、貴族文化の摂取にも努めている。3代将軍である源実朝を筆頭として、北条氏の中にも和歌に長けていた者は少なくなかったという。

一方、公家は和歌の分野で優れた歌集を残している。1205年に成立した『新古今和歌集』はその代表だろう。

これは後鳥羽《ごとば》上皇の命により、★藤原定家《さだいえ》、藤原家隆《いえたか》らが選にあたった★勅撰和歌集《ちょくせんわかしゅう》である。新古今調と呼ばれる、繊細で技巧に富んだ歌風が特徴となっており、平安時代に類型化してしまっていた和歌は、この時代に新たな歌風を獲得したといっていい。

このほかに平安末期から鎌倉初期にかけては、★西行《さいぎょう》の

★藤原定家、藤原家隆
それぞれ名は「ていか」「かりゅう」とも読まれる。

★勅撰和歌集
勅令によって編纂された歌集のこと。

★西行
1118〜1190年。平安末期から鎌倉初期にかけて活躍した歌僧。

『山家集《さんかしゅう》』、実朝の『金槐和歌集《きんかいわかしゅう》』といった、個人による和歌集もつくられた。

また、散文では吉田兼好《よしだけんこう》の随筆『徒然草《つれづれぐさ》』がこの時代の貴族文化を代表する作品だ。伝統的な貴族風の情緒に新しい現実主義が加味された点が、鎌倉時代ならではである。

争乱と大飢饉の世に出現した新仏教の教えとは

テロの頻発に核ミサイルの脅威、そして老後破産……。社会不安に怯えた人々が宗教にすがるという図式は何も現代に限った話ではない。

源平争乱、承久の乱、そして12世紀末の大飢饉。これらの社会の動揺は、10世紀頃に定着した★末法思想《まっぽうしそう》と相まって人々を恐れさせた。そのため、宗教に対する関心が一段と高まってきたのである。

こうした時代を背景にして、新仏教のはしりとなった僧

★末法思想
仏教の経典にある予言に基づいた思想。釈迦の死後から1000年後に末法の世が訪れ、仏法、仏王が滅亡すると説く。

たちが次々に現れた。その代表的な存在が、★法然《ほうねん》とその門下にあたる★親鸞《しんらん》だ。

法然はすでに定着していた浄土教の教えを発展させ、浄土宗を興した人物だ。どんなに愚かで貧しい人でも「南無阿弥陀仏」と唱えれば浄土に往生できるという彼の教えは、そのわかりやすさからさまざまな階層の人々から支持された。そして浄土宗の信者となった者の中には、武士も少なからずいたという。

一方の親鸞は、法然の教えをさらに進めた。彼は、阿弥陀仏の絶対他力《ぜったいたりき》を信じるだけで誰でも救われると説いている。

さらに彼は、「仏はもともと罪深い衆生《しゅじょう》を救おうとするのだから、自分を悪人と認めた人こそ率先して救われる」とも教えた。こうした彼の考えは悪人正機説《あくにんしょうきせつ》と呼ばれている。

★法然
1133～1212年。

★親鸞
1173～1262年。

法然と親鸞によって、はじめて仏教は貧しい民衆の宗教となり得たといっていいだろう。

特に親鸞は関東の農村を舞台に、武士や農民たちのために伝導する生活を長く送っている。やがて彼の流れを汲む宗派は、浄土真宗と呼ばれるようになった。

ところでこの２人のほかに、元寇の前後に登場した日蓮《にちれん》を忘れるわけにはいかない。彼は「南無妙法蓮華経」と唱えれば誰でも成仏できるとし、法華宗を開いた。

こうして生まれた新仏教は人々に支持され、現代まで受け継がれていくのである。

たった5つの部品で寺が建つ、鎌倉建築の2つの様式

日本人なら誰でも知っている奈良の大仏。実は意外に知られていないことだが、大仏も大仏殿も過去に何度か焼き打ちに遭って破壊されている。現在見られるのは、江戸時

代になって修復された姿だ。

最初に大仏殿が被害を被ったのは1180年のこと。平重衡《しげひら》の南都焼き打ちによって東大寺が炎上、大仏殿も焼け落ちてしまった。

その後、間もなく始まった再建をとおして宋から伝わった大仏様《だいぶつよう》★と呼ばれる新しい建築様式が普及した。

これは、部材の規格を数種類に統一して短期間での建設を可能にする、合理的なシステムだ。大仏様で作られた東大寺南門の場合、たった5種類の部品が全体の80パーセントを占めているという。

この大仏様と並んで、鎌倉時代を代表する建築様式に禅《ぜん》宗様《しゅうよう》がある。こちらも宋から伝わった様式で、色彩や装飾を施さない整然とした美しさが特徴だ。

禅宗様はその名のとおり、禅宗の寺院に用いられた。円覚寺の舎利殿《しゃりでん》は室町時代の創建だが、禅宗様の特徴をよく

★大仏様
大仏様は天竺様《てんじくよう》、禅宗様は唐様《からよう》とも呼ばれる。

示した建築である。

こうした寺院を飾る数々の仏教美術も、やはり鎌倉時代にふさわしい新しい様式で作られた。

特に発展が目覚ましかったのは彫刻だ。その中心的人物が運慶《うんけい》と湛慶《たんけい》の父子、そして快慶《かいけい》だ。この3人はともに慶派と呼ばれる一派に属する仏師である。

このうち運慶の代表作として知られるのが、東大寺南大門の金剛力士像だ。また同じく東大寺南大門の仁王像は、運慶と快慶の合作といわれる。いずれも写実的でダイナミックな表現が特徴だ。

盲目の芸人・琵琶法師が語る、庶民に人気の〝あの物語〟

物語にもいろいろな種類があるが、なかでも面白くてとっつきやすいのは〝戦い〟を描いたものではないだろうか。

鎌倉時代にはさまざまな文学が花開いたが、とりわけ支

★運慶
?〜1223年。

★湛慶
1173〜1256年。

★快慶
生没年未詳。1183〜1223年との説もある。

持されていたのが軍記物だった。人気が集まる傾向というのは今と変わらないらしい。

当時の軍記物は、主に盲目の芸人である琵琶法師《びわほうし》が旅をしながら節をつけて語り聞かせて歩いていた。新しい時代の主人公である武士、しかも実在の人物の物語ということで、文字が読めない民衆を大いに喜ばせたという。

そうした軍記物の中でも特に人気が高かったのが『平家物語』★だ。これはその名のとおり、平氏の栄光の時代から没落の悲劇までを描いた物語だ。ほかにも『平治物語』『源平盛衰記《げんぺいせいすいき》』といった軍記物がこの時代に生み出されている。

鎌倉時代は、新しい文体が作られた時代でもあった。優美ではあるものの冗長な印象が否めない平安時代の文体から、きびきびした漢文口調混じりの和漢混淆文《こんこう》に変化してきたのだ。

★**『平家物語』**
作者未詳。書名、巻数、文体、内容などの異なるものが多数残されている。14世紀半ばに校定され、それを元に江戸時代に出版された流布本がよく読まれている。

これは現代の日本語により近づいた文体といえる。そうした文体が、軍記物によって完成の域に達したわけだ。

軍記物以外では、歴史物が多く書かれた。『愚管抄《★ぐかんしょう》』『水《★みず》鏡《かがみ》』、そして鎌倉幕府の正史である『吾妻鏡』がその代表的作品だ。

特に摂関家出身である慈円《じえん》が書いた『愚管抄』は、歴史の転換期を深い思索の下に記した傑作とされている。また鴨長明《かものちょうめい》の『方丈記《★ほうじょうき》』も、この世の無常と世俗を捨てる楽しさを歌い上げた作品として名を残した。

★**『愚管抄』**
神武天皇から順徳天皇までの時代を仮名文で記した歴史書。1220年成立とみられる。

★**『水鏡』**
神武天皇から仁明天皇までを編年体で記した歴史書。12世紀末成立。

★**『方丈記』**
1212年成立。

4時間目

南北朝・室町時代

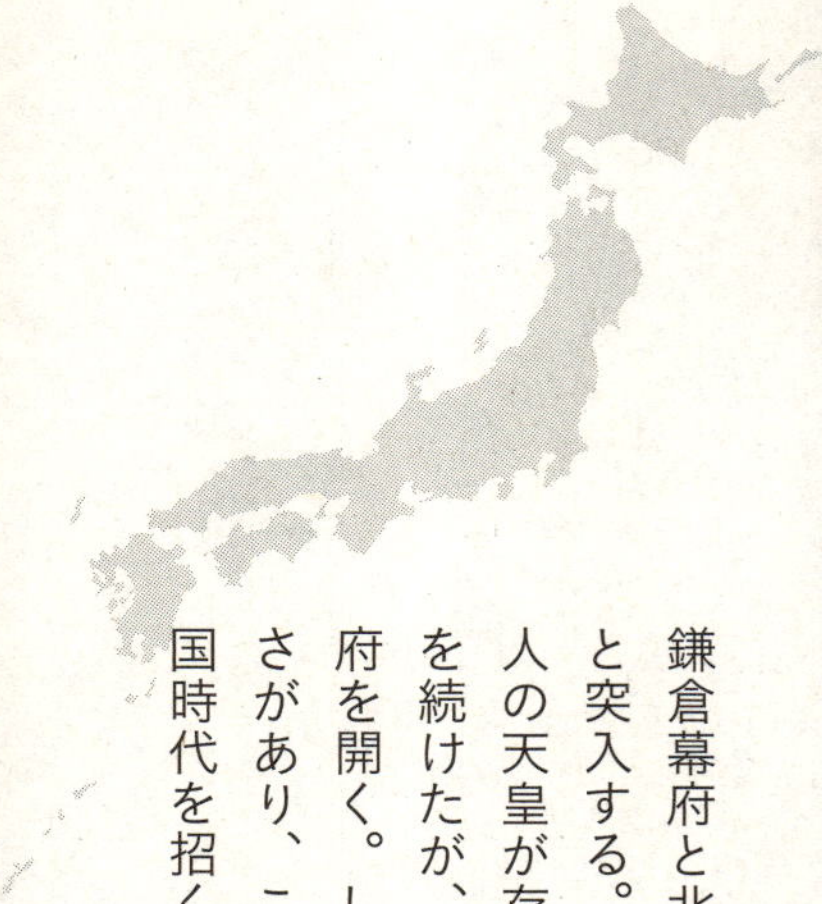

鎌倉幕府と北条氏が滅亡したあと、日本は動乱期へと突入する。天皇家が〝跡目争い〟を始めたのだ。2人の天皇が存在し、南北朝は半世紀にわたって争いを続けたが、このどさくさの中で足利尊氏が室町幕府を開く。しかし、農民や守護大名の台頭を許す脆さがあり、この時に生まれた下剋上の風潮が後の戦国時代を招くのである。

南北朝の内乱

［キーワード］
建武の新政／南北朝／室町幕府／足利義満／守護大名／管領／御料所

連立政権で露呈した後醍醐天皇の無能ぶり

政権が変わったとたん、体制の中身までもがガラリと変わってしまうことはけっして珍しいことではない。だがトップがあまりにも無能だと、そのとばっちりや尻ぬぐいをさせられるのは決まって部下と、昔から相場は決まっている。

鎌倉幕府滅亡前後、天皇に即位したのは後醍醐《ごだいご》天皇である。彼は1334年、高い理想を掲げて早々に新政治をぶちあげた。これを建武《けんむ》の新政《しんせい》という。

手本としたのは前の幕府ではなく、平安時代の政治だったため、それまでの院政を廃止。その代わりに廃止されていた記録所★を復活させ、その職員として公家と武士を置いたのである。

独裁ともいえる親政をうたってはいたが、しかし実際に働いていたのはこれら諸機関の役人だった。つまり建武の新政というのは、天皇を中心とし、公家と武士によって政治を執り行うという、今でいう連立政権だったのだ。

要するに、後醍醐天皇にとって大事なのは、実よりも名、つまり表向きの権力だけだったのである。

そこでぞんざいに扱われたのが、武士たちである。彼らは武力をあてにされ、諸地方を警備する任務などを任されながらも、その報奨は公家に比べて明らかに低かった。

このように扱いの異なる連立政権は、しだいに公家と武士の間にも亀裂を生み、結局、あちこちで不評だった新政は、たった3年しか持たなかったのである。

面倒なことは部下に任せ、安い給料でこきつかうワンマ

★記録所
政治の最高機関。平安時代に後《ご》三条《さんじょう》天皇が荘園整理のために置いたのが始まり。通常の政務のほか訴訟処理なども行う。

ン社長の会社は、やはりコケる時も早いということであろう。

お上は動乱と将軍家のお家騒動で漁夫の利？

双方が争っている間に、利益を横取りしてしまうことを漁夫の利というが、この場合、漁夫はほかならぬ守護大名《しゅごだいみょう》だった。

建武の新政の崩壊後、都に入った足利尊氏《あしかがたかうじ》が持明院《じみょういん》党の光明《こうみょう》天皇を擁立して立てたのが京都の北朝、逆に京都から都落ちした後醍醐天皇が立てたのが奈良の南朝である。

つまり、この時期の日本には２人の天皇が存在していたことになり、南北朝の争いは以後60年間続くことになる。

一方、尊氏は征夷大将軍《せいいたいしょうぐん》に命じられ室町幕府を開くが、動乱期の幕府の基盤は尊氏の力を持ってしても固めることができず、こちらでも内乱が勃発する。それは、尊氏と弟の直義《ただよし》の兄弟ゲンカ★だ。

ただ、こちらは最終的に兄が弟を毒殺したことで決着をみたが、南北朝の動乱はまだまだ続いていた。

しかし、争いごとにはいつしか終わりがくるもので、1392年、3代将軍の足利義満《よしみつ》の申し入れによりついに南北朝が合体した。

皇位は常に優勢を誇っていた北朝に継承され一件落着……となるわけだが、実はその動乱の間にめきめきと力をつけていった人物がいる。それは守護大名である。

鎌倉時代に設置された守護は、従来は警察的役割が主流だったが、守護大名はそれに加え、荘園《しょうえん》★から戦費を徴収したり（尊氏の発案）、守護請《しゅごうけ》と呼ばれる年貢の請け負いを行ったりと、ケンカの最中を見計らってどんどん権力を強化していった。

お上が権力争いに夢中になっている時、地方では中小の

★兄弟ゲンカ
ケンカをしたのは足利氏1代将軍尊氏と実弟の直義。3代目は義満。ちなみに、2代目はあまり知られていないが義詮《よしあきら》である。

★荘園
私有地のことで、当初は寺社や貴族が領主だった。

武士たちを主従関係に置いた中間管理者たちが、着々と力を蓄えていたというわけだ。

〝花の御所〟は金策と人心掌握で前途多難!?

水面を優雅に泳ぐ白鳥は、水中では死にもの狂いで足を掻いているものだ。足利尊氏が京都の室町に開いたのは、〝花の御所〟と呼ばれる邸宅だったが、その内情は華美な外観とは裏腹に苦しいものだった。

幕府の組織は、管領《かんれい》と侍所《さむらいどころ》が要職だった。管領とはいわば幕府の最高責任者で、任命されたのは足利家の一門である細川《ほそかわ》と斯波《しば》、畠山《はたけやま》の3氏の三管領《さんかんれい》である。

また侍所は武士の統制や、幕府の守護などを行う役職であり、頭人《とうにん》（長官）として山名《やまな》、赤松《あかまつ》、一色《いっしき》、京極《きょうごく》が任命されている（四職《ししき》）。

だが肝心の政治資金が足利家にはなく、苦しい台所事情はまさに室町の泣きどころといえる。将軍の財産がないものだから、主な財源となる土地は★御料所《ごりょうしょ》だけで、あとは段銭《たんせん》と呼ばれる通行税、そして倉役《くらやく》や酒屋役《さかややく》と呼ばれる営業税などの貨幣収入に頼らざるを得なかったのだ。

将軍の苦労はまだあった。それは、動乱期に予想外に成長してしまった守護大名である。それは、3代将軍・義満の頃に顕著に現れ始めた。幕府の力が弱ければ当然幅をきかせてくるのが彼らだ。だが、一方で弱小幕府を支えてもらっていたため、むげに扱うこともできない。

したがって時には目障りな守護を滅ぼし、時には有力な守護と手を組むなど、義満には巧妙で抑圧的な手腕が求められたのだ。

幕府が少しでもぐらつけば、各地の大名が牙をむくかもしれない。薄氷の上に立つトップは、常に部下たちの反旗におびえていたのである。

★御料所
幕府の直轄領。足利氏が戦いに勝って没収した土地を寄せ集めたもの。ただし、全国に分散していたことと、全体の規模が小さかったため大きな財源とはいえない。

日明貿易

［キーワード］
勘合貿易／倭寇／日朝貿易／琉球王国／グスク時代

プライドを捨てても利益がほしい将軍様の辛い選択

カネがなければ金策に走るのが社長の役目だ。その手腕は会社の将来性を占うばかりでなく、その人間性までもが試される重要な仕事である。

経済難に苦しんだ室町幕府は1404年、中国に君臨していた明《みん》との貿易である日明《にちみん》貿易を再開する。

実は、それまでも日本と中国は国交を結んでいたのだが、倭寇《わこう》と呼ばれる不正に貿易を行う日本の海賊の出現により、しばらく中断せざるを得ない状況にあった。

そんなこともあって、日本のコソドロたちにほとほと手を焼いていた明は、幕府に倭寇を取り締まるよう再三通達していたのである。

周辺諸国を手中に収めていた明サイドとしても、日本との貿易再開は願ったりかなったりだった。こうして足利義満は倭寇の取り締まりに乗り出すとともに、明との貿易収入で幕府の財源を賄い始めたのである。

日明貿易は日本が明に対して★貢物《みつぎもの》を捧げ、その分お返しを頂戴するという朝貢《ちょうこう》貿易だった。その際、倭寇と区別するために★勘合符《かんごうふ》が用いられたことから、またの名を勘合貿易ともいわれた。

実際この貿易は、義満率いる室町幕府に大きな収入をもたらしたが、両国の関係には明らかな主従関係が生まれていた。

貿易の主導権は全て明にあり、日本は明に対して完全に臣従する形だったのだ。

義満自身は幕府の利益のためならと、その関係を甘んじ

★貢物
日本からの貢物は、銅、硫黄、刀剣など。明から輸入されたものは、生糸や絹織物、銅銭などだった。

★勘合符
その船が正規の貿易船であることと、正しい貿易を行うことを証明する札。

て受け入れていたが、息子の義持《よしもち》はそんな父を尊敬することはできなかった。

義満の死後、4代将軍となった義持は日明貿易を国辱として中止した。日本は明の家来ではないと、強いプライドを持った義持の決断である。

だが、6代将軍の義教《よしのり》の頃には、実益をとるため貿易はまたもや再開されている。

結局、困った時に頼りになるのはカネであり、自尊心だけでは満腹にはならない。現実は、きれい事では済まないということである。

〝盗人〟にかき回された日朝貿易の顛末

円満に商談が成立しつつも、まったく関係のない第三者によってまとまるものもまとまらなくなるなどということは現代でもよくある話だ。こんなトラブルメーカーに限って、最後の最後までひっかき回してくれるものだからたまったものではない。

不正に物資を奪っていく海賊たちに悩まされていたのは、中国だけではなかった。朝鮮もまた、日本に対して倭寇の取り締まりを要求してきたのだ。

3代将軍・足利義満の頃、朝鮮半島では高麗《こうらい》を倒した李《り》成桂《せいけい》による李《り》氏朝鮮《しちょうせん》が隆盛をきわめていた。そこで、義満は先方の要求に応じ、倭寇の鎮圧を約束、さらに朝鮮との国交を開いた。これが日朝《にっちょう》貿易である。

だが交易★が盛んになるなか、一方で倭寇の鎮圧はけっして容易なことではなかった。

朝鮮側でも倭寇を懐柔するため、投降した者には土地や家屋を与え、朝鮮での貿易の仕事に就かせるなど便宜をはかり対策を講じたが、入港地は富山浦《ふさんぽ》（釜山《プサン》）、乃而浦《ないじほ》（薺浦《セイホ》）、塩浦《えんぽ》（蔚山《ウルサン》）の3港（三浦《サンポ》）のみで、受け入れ人

★交易
交易には通信符が活躍。これは勘合符と同じ役割を果たすもので、通信符の3文字を折半して双方が持ち、物資を取り交わす際に照合した。

数も制限された。

そして1419年、増え続ける盗人に業を煮やした朝鮮は、倭寇の本拠地である対馬《つしま》を200隻の軍船で襲った。応永《おうえい》の外寇《がいこう》と呼ばれる襲撃戦である。

倭寇の存在によって朝鮮は貿易を制限し始めたが、これに不満を持った朝鮮在住の日本人が暴動を起こし、ついに日朝貿易は収束に向かってしまった。

究極のイタチゴッコに終わった倭寇狩り。コソドロに荒らされ放題の部屋は、はじめこそ根気よく片づけられたが、そのうち片づけることすら放棄されてしまったのだ。

各国のテイストが混合した沖縄文化は中継貿易の賜物

基地問題を抱える沖縄がかつて日本ではなかったことを知らない人も多いだろう。アメリカのことを言っているのか、と思う人がいるかもしれないが、話はそれよりずっと以前のことである。

10世紀前後の沖縄は、やっと農耕社会に転じたばかりだったが、しだいに各地に豪族が現れ、12世紀頃から数多くの城塞（グスク）★が築かれるようになった。この時代をグスク時代という。

やがて、島は1つにまとまり、1429年に琉球王国《りゅうきゅうおうこく》が生まれた。これは、日本国とはまったく異なる1つの王国である。

統一させたのは中山王《ちゅうざんおう》の尚巴志《しょうはし》で、都は平成の世に復元された首里城《しゅりじょう》を擁す首里である。

ただ王国を建てたはいいが、琉球には特産物が少なかった。だがメーカーが無理なら商社になればいいとばかりに、琉球王国は知恵を使った。

その結果、大陸と日本の中間にある立地を活かし、中継《なかつぎ》貿易で利益を得ようとしたのである。

★グスク
沖縄の言葉で「城」を指す。今も地名として残る今帰仁《なきじん》、浦添《うらそえ》、中城《なかぐすく》、名護《なご》、知念《ちねん》などは、このころからあった城の名称。

室町幕府が明や朝鮮との海上貿易を行っている時、同じく琉球も日本や明と貿易を始めていた。これは、王国成立よりも少し前のことである。

特に、明に対しては、日本と同様に明が貿易の主導権を持つ朝貢貿易の形式を取っており、貢物は砂糖や香料などが主だった。

これらは日本にも輸出され、逆に日本からは刀剣や銅を搬出していた。

さらに琉球は、東南アジア諸国とも中継貿易を行っていた。この地域での琉球が果たした役割は大きく、自国もまた莫大な利益を得ていた。

現代の沖縄にアジア各国の文化要素が根付いているのは、この時代に諸外国と活発に貿易を行ったからである。

この時代、琉球と同じように日本国もオープンになっていれば、鎖国はなかったかもしれない。

庶民の台頭

［キーワード］
二毛作／惣村／問屋／永楽通宝／撰銭／土一揆／郷／逃散

庶民が一致団結したヒミツは〝共通の敵〟にあり！

家庭であれスポーツであれ企業であっても、人間同士が協調するには何らかの目標を掲げるのが手っ取り早い。だが不思議なことに、そんなものよりもっと簡単に絆が深まるのは、共通の不満を持った人同士の結束である。この時期の農民の間ではまさにその現象が起きていた。

この頃の農業は、★二毛作《にもうさく》などによる技術的な向上もみせていたが、財政に窮する幕府が百姓に要求していた税や年貢は、度重なる飢饉とも格闘していた彼らの生活を苦しめるものだった。しかもそれは、しだいに庶民の反発心を生むようになっていく。

★二毛作
同じ耕地に1年の間に2種類の異なった作物を栽培して収穫すること。「二期作」は同じ作物を年2回栽培することをいう。

たとえば、たった1人で抗議の座り込みをしても見向きもされないが、それが10人、100人となれば、さすがにお上も無視できなくなる。こうして誕生したのが、惣村《そうそん》と呼ばれる庶民の自治体である。

惣村は、荘園制の枠を超えたいわば町内会のようなものである。といっても、その中身は意外としっかりしたもので、有力農民★を筆頭に下層農民までの組織形態がきちんと築かれていた。

年中行事や生産活動など日常的なルールもつくられており、違反者にはしかるべき制裁措置がとられるという厳しい掟があった。多くの人たちはそれに従い、惣村の団結力は高まっていったのだ。

バラバラだった庶民の気持ちがここまで1つにまとまったのは、すべてはお上への反抗心という共通の目的意識があったからだ。

★有力農民
惣村によって指揮者の名称は異なり、地侍、沙汰人、番頭などと呼ばれていた。

表向きは生活共同体だが、その側面はレジスタンスに賭けた〝運命共同体〟だったのである。

こんなに昔からあった、ニセ札ならぬニセ銭作り

新2千円札が登場して久しいが、新札作りの最大の焦点といえばニセ札防止の技術だろう。日本で通貨流通が盛んになってきたのはまさに室町時代だが、ニセ銭作りはすでにこの頃から氾濫していた。

農業技術の発展により、著しい躍進を遂げた人々に商人がいる。都市には商店が増え、物資の集散地には卸売りや商人宿を兼ねた問屋《といや》ができ、商品の取り引きの場として活躍した。また、米や魚などの市が立つようになったのもこの頃である。

経済の発展につれ、為替や貨幣の流通も盛んになってきた。当時はまだ貨幣鋳造の技術はなく、もっぱら中国から

の輸入銭である★永楽通宝《えいらくつうほう》などが用いられていた。

だが悪知恵を働かせる輩はいつの時代もいるもので、そのうちニセ銭が出回るようになってきた。勝手に銭を工作する私鋳銭《しちゅうせん》や、破銭《われぜに》・欠銭《かけぜに》などの粗悪な銭によって流通が混乱し、ニセガネを嫌った人々が、銭の良し悪しの差に応じて価格に差をつけたりする撰銭《えりぜに》と呼ばれる行為が横行し始めたのである。

そこで、幕府が発令したのが撰銭令である。だがおかしいことにこの令は、ニセガネを作るなとか、ニセガネに騙されないようにといったものではなく、勝手な撰銭行為のみを禁じるものだった。

当然そんな場あたり的な令は浸透するはずもなく、効果はほとんどなかった。

悪事は元から絶たねばダメだということを幕府が知らなかったわけではないだろうが、自ら貨幣を製造していたわ

★永楽通宝
中国の明で使用されていた貨幣。この頃、頻繁に起こっていた渡来銭の偽造は江戸時代初期まで続いた。

けでもない当時の幕府にとっては、これが精一杯のニセガネ防止策だったのかもしれない。

オノ持て、クワ持て、合言葉は「イッキ、イッキ」!?

飼い犬に手をかまれるとは、あくまで信頼関係のあった人間同士に使われるが、たとえばどちらかがその関係を不服としていたらかまれて当然という、冷ややかな見方をされてしまうのも仕方がない。

貨幣流通が発達した頃、畿内《きない》地方では借金★で土地を失う農民が増えていた。ただ黙ってのたれ死ぬわけにはいかんとばかりに、最終手段として選んだのが土一揆《つちいっき》★と呼ばれる、農民のクーデターである。

土一揆は各惣が集結し、郷《ごう》と呼ばれる大きな団体で行われた。一揆というと、ただやみくもに暴れるだけの襲撃を思い浮かべるが、実際には、誓いの言葉を書き、全員が署

★借金
凶作続きで収入がなかった農民たちは、当時、金貸し業もしていた土倉《どそう》や酒屋、寺院などに質草を入れ、借金をしていた。

★土一揆
一揆には、国《くに》一揆、一向《いっこう》一揆、荘家《しょうけ》一揆など、さまざまな種類があるが、これは目的と相手が異なるだけで、すべては惣が行った土一揆である。1428年に起こった正長の土一揆が有名。

名する儀式★が行われるなど強い信念と結束力を持つ行為だった。

領主に百姓側の言い分を申し立て、ある時は座り込みをし、それでも通らなければ戦いもした。また惣をあげて耕作を放棄する一か八かの逃散《ちょうさん》行為をするなど、土一揆の内容はさまざまだった。

特に逃散は、農産物の収穫をあてにしている領主をギリギリまで追い込む知能的策略だった。

ただ、農民ゆえ武装はクワなどの農耕具しかなかったが、団結した郷には周囲の惣が次々と加わっていき、最終的には多くの惣がクーデターに立ち上がった。

一揆はその後各地で次々と起こり、幕府が鎮圧に成功するまでには、最初の一揆から実に100年以上を要した。

何の力も持たない飼い犬たちをこれほどの反旗を翻《ひるがえ》すまでにさせたのは、まぎれもなく飼い主の責任といえよう。

★儀式
団結して戦うことを誓う起請文に全員で署名し、その起請文を焼いて灰にする。その灰を神水に溶かして全員で飲みまわす儀式を「一味神水《いちみしんすい》」という。

下剋上

【キーワード】明徳の乱／嘉吉の乱／細川勝元／山名持豊／応仁の乱／山城国一揆／加賀の一向一揆

虎視眈々とトップを目指す守護大名と将軍家の攻防

室町幕府は一貫して、頼りないトップVS実行力を持った部下、という図式が成り立つ。ここで、その関係性が引き起こしたいざこざの数々をみておこう。

まずトップが部下を鎮圧しようとした戦いに、1391年の明徳《めいとく》の乱がある。これは、3代将軍・義満の時代の戦いで、当時11カ国もの守護を兼ねていた山名氏を、義満がけむたがっていたことに端を発する。

「やれるものならやってみろ」と、謀反を起こさせるように仕向けたのは義満の方で、まんまと策略に乗ってしまった山名氏は滅ぼされてしまう。ここでは将軍家の方が一枚上手だった。

逆に部下がトップに刃向かった戦いでは、1441年の嘉吉《かきつ》の乱が代表的だ。6代将軍・義教が、所領没収に抵抗していた播磨《はりま》国守護の赤松満祐《みつすけ》に殺されてしまったというもので、これは明らかに将軍家の惨敗だった。

この2通りのパターンの戦いは、歴史に名が残っているだけでも6件ある。

幕府が守護大名を鎮圧するため起こした戦いは、土岐《とき》氏の乱（1390年）、明徳の乱★（1391年）、応永の乱★（1399年）。そして守護大名が幕府に反乱を起こした戦いは、上杉禅秀《うえすぎぜんしゅう》の乱（1416年）、永享《えいきょう》の乱★（1438年）、嘉吉の乱★（1441年）などがある。そのほかの小さないざこざを含めれば数えきれないほどだ。

戦国時代に突入するまでに足利家の将軍職★に就いたのは、尊氏、義詮、義満、義持、義量《よしかず》、義教だが、世の中が比較

★明徳の乱
山名氏清・満幸らが起こした反乱。

★応永の乱
大内義弘が起こした反乱。

★永享の乱
足利持氏が起こした反乱。

★嘉吉の乱
赤松満祐が6代将軍足利義教を殺した事件。

★将軍職
6代将軍の義教はくじ引きで将軍職に就いた。

将軍頑張って!!
守護大名たたき
ヒーー

的平穏だったのは4代将軍の義持の時だけで、あとは守護大名との小競り合いが絶えなかった。

この将軍家のていたらくぶりは、後に勃発する大きな戦いの予兆には十分過ぎるほどだ。こうして歴史を顧みると、悲しいかな将軍家の情けなさだけが目についてしまうのである。

お飾り将軍はカヤの外…、「応仁の乱」が象徴するもの

時代の変わり目には大きな争いごとがつきものだが、これまでのトップの無能ぶりを考えれば、ここで起きた乱は起こるべくして起こったものであり、結果的に世のためにはよかったといっていいだろう。

足利家8代将軍・義政《よしまさ》の政治的手腕のなさは、誰の目にも明らかだった。世の中が飢饉に苦しみ、あちこちで一揆が勃発しているなか、屋敷の造営★に力を入れるなど政治へ

★屋敷の造営
寛正の飢饉の際に花の御所を改築して、天皇の勧告さえも無視した。だが、義政は東山に銀閣寺を建てるなど、「東山文化」を築いた文化人でもあった。

の意欲はまるでみられなかった。

義政の無駄使いによる幕府への不信感は、やがて幕府そのものの動揺につながった。実権を狙う細川勝元《ほそかわかつもと》と山名持《もち》豊《とよ》が対立し、ついに１４６７年に応仁《おうにん》の乱が起こったのである。

細川は管領、山名は四職。１代将軍・尊氏の代から続く、幕府の最高機関の役職を受け持つ家柄同士である。乱の背景には、将軍家の跡目争いも絡んでおり、当初、義政の後継者に決まっていた実弟の義視《よしみ》が細川側に、また義政の長男をもうけていた妻・日野富子《ひのとみこ》が山名側についていた。

実は、この日野富子というのがトラブルメーカーで、将軍夫人でありながら米相場や大名へ高利貸しを行ったり、京都の入口に関所を設けて税金を徴収するなど幕府の名をおとしめる一因となった人物だ。

それに加えて各守護も細川・義視組、山名・富子組の2派に分かれ、応仁の乱は日本史上まれにみる大規模な戦乱になっていったのだ。

細川派を東軍、山名派を西軍とした戦いは以後11年間続いた。最終的には、東西総帥の勝元と持豊が死亡したため、乱は終焉したのである。

どちらが勝つともなく延々と続いた争いが遺したものは、幕府および荘園制の衰退、そして戦場★における見るも無惨な荒廃だけだった。

いつの代も統制をとれず、下の者ばかりが右往左往していた室町幕府。華美な御殿が象徴するからっぽの治世は、エピローグに向かって刻々と坂を下り始めていた。

力があればトップになれる室町の世は実力社会

身分が低くても何者をも従えられるほどの実力を持って

★戦場
応仁の乱によってもっとも被害を受けたのは、戦いの中心地の京都。平安・鎌倉時代の重要な建造物が次々と焼失した。

いれば、大きな顔をして意見を述べられるものである。すなわち人生の勝ち組になるには、己の力がお上の力を上回っていればいいということだ。

下の者が上の者を倒すという意味を持つ下剋上《げこくじょう》は、現代でもしばしば用いられる言葉だが、この言葉の発祥はまさにこの室町時代だった。

室町初期の守護大名しかり、農民の土一揆しかり、全てはこの下剋上につながる下の者の反乱なのだ。

応仁の乱以後、世の中には下剋上の風潮が巻き起こっていた。守護大名の留守中、守護の家臣だった守護代《しゅごだい》や土豪《どごう》などが、ここぞとばかりに農民を支配して実力をつけ始めている。

守護大名が戦いを終えて都から帰ってきた時には、すでに実権がとって代わられていたという現象が相次いだのである。

たとえば山城国《やましろこく》では、応仁の乱後もお上の争いが続いていたため、農民たちが連合して軍を追い出し、自分たちの手で自治を行うという山城国一揆が勃発した。

また、加賀国《かがこく》で起こった加賀の一向一揆★では、守護の内紛に乗じて守護を倒した僧侶や農民たちが合同で自治体をつくり、なんと100年もの間、その体制が続いたという例もある。

こうしてあちこちで起こった下剋上は従来の秩序を打ち砕いていったが、もはや幕府にそれをくいとめる余力は残っていなかった。下剋上で培われた弱肉強食の世界は、その後延々と展開されていく戦国絵巻のプロローグともいえるのである。

それでも年功序列が未だに息づいている日本にとっては、この時代の人々が巻き起こした風潮は大いなる遺産といっていいだろう。

★加賀の一向一揆
庶民の力があまりに強大だったため、一揆後の加賀は「百姓の持ちたる(支配する)国」とまでうたわれた。

室町文化

［キーワード］
金閣寺／銀閣寺／北山文化／観阿弥・世阿弥／五山文学／東山文化／花道／茶道／雪舟／御伽草子

修学旅行の名所を増やした将軍・足利義満の偉業

現在、京都が日本を代表する観光都市になったのは、室町幕府の力によるところが大きい。特に金閣寺や銀閣寺などは修学旅行の定番コースでもあり、誰もが一度は訪れたことがあるだろう。

その金閣寺を作った人物は、3代将軍・義満である。禅《ぜん》宗寺院《しゅうじいん》が新しい文化の中心となっていた当時、義満は京都の北山《きたやま》に山荘を建て、公家文化と禅文化を融合させて新たな武家文化を生み出した。これを「北山文化」という。

その代表的な建造物が金閣寺《きんかくじ》（鹿苑寺《ろくおんじ》）であり、寝殿造《しんでんづく》りと唐様《からよう》の折衷は中国文化の影響も受けているといわれている。

山荘には水墨画や歌詠《うたよ》み、芸能などの文化人が常に出入りしている状態で、現代の古典芸能として知られる、能や狂言が流行し始めたのもこの頃だ。

特に義満のお気に入りだったのが能★で、資金援助をするなどの手厚い保護を積極的に行った。ここでは、猿楽能《さるがくのう》の役者であり、脚本家としても知られる観阿弥《かんあみ》・世阿弥《ぜあみ》の親子名人も輩出されている。

また義満は、中国にならって禅宗院にランクづけする五山制度《ござんせいど》★を整え、五山寺院の僧侶たちに多くの漢詩文をつくらせた。

これにより生まれたのが五山文学で、漢詩文はもちろん、古典や朱子学《しゅしがく》の研究も盛んに行われた。

室町文化の礎《いしずえ》を築いたのは義満といっても過言ではない。彼は現代にも語り継がれる、まぎれもない功労者なのだ。

★能
守護大名や下剋上を表現した風刺寸劇のようなものが人気。義満がお気に入りだったというのは何とも皮肉な話である。

★五山制度
中国で取り入れられていた官寺制度。禅宗の保護と統制が目的。鎌倉五山と京都五山がある。

〝わび・さび〟の精神は義政の無能さが生み出した！

政治的な能力に関してはからっきしダメだった8代将軍・義政は、まるで現実逃避するかのように文化や文芸に力を注いだ。だがそれが、今日に至る日本文化の基盤になろうとは思いもよらなかったはずだ。

義満の築いた北山文化に対し、義政が築いたのは「東山《ひがしやま》文化」と呼ばれる。義政が好んだのは、禅宗思想に端を発する簡素にして静寂な趣だった。

東山山荘におかれた銀閣寺《ぎんかくじ》（慈照寺《じしょうじ》）は、何かと金閣寺と比較されることが多い。金と銀、寝殿造りと書院造《しょいんづく》り、そして華美と簡素。どちらが素晴らしいかは見る者の好みによるだろうが、古きよき日本の心を知っている人ほど銀閣寺を好むとか。

同じく東山山荘に作られた東求堂《★とうぐどう》の庭園には、善阿弥《ぜんあみ》による石と白砂だけで山水をあらわした枯山水《かれさんすい》という独自の

★東求堂
1486年建築の持仏堂。書院造りの代表的な建築物で、北東の方角の隅に作られた4畳半の部屋は「同仁斎《どうじんさい》」と呼ばれる義政の書斎。

世界が展開されている。

生け花が始まったのもこの頃で、本来、供花《くげ》として行われた立花《りっか》を床の間などに飾る住宅装飾に発達させ、花道として成立させたのが池坊専慶《いけのぼうせんけい》だ。

また、茶寄合《ちゃよりあい》の流行に伴い始まったのが称名寺《しょうみょうじ》の僧・村《むら》田珠光《たじゅこう》による侘《わ》び茶で、これは禅の精神を取り入れた茶道の始まりである。

さらに当時は水墨画が隆盛期を迎え、それまで人物や花鳥を描いていた画風から山水を題材したものに変化し、雪《せっ》舟《しゅう》★などの高名な画家が大成した。

こうして義政が築き上げたのは、日本人の心ともいえる〝わび・さび〟の精神である。義政に少しでも政治手腕があったら、この文化は成立しなかったかもしれないと思うと、将軍としての義政の無能ぶりに感謝しなければならない。

★雪舟
室町時代に活躍した水墨画家、禅僧。遣明船で明に渡り、中国の水墨画を学ぶ。

将軍様も熱狂した「御伽草子」「祇園祭」のヒミツ

物事を面倒くさがり徹底してサボリを決める人のことを〝ものぐさ〟というが、実はこの言葉は室町時代の大衆文化から生まれた物語『物ぐさ太郎』に由来している。

下剋上などで庶民が力をつけてきた頃、大衆文化は一気に広がるようになった。

『物ぐさ太郎』や『一寸法師《いっすんぼうし》』に代表される『御伽草子《おとぎぞうし》』は、乱世や惣の社会的地位を著した風刺物語で、おもに朗読で庶民に語り継がれていた。

たとえば『物ぐさ太郎』は、自分が食べる最後のモチが転がっても手を伸ばさない怠け者だったが、後に誠実な人間に心を入れ替えると、実は天皇の子であったことが判明するという話である。

これは、行動がともなった人にはそれだけの評価が与えられるという、まさに下剋上や立身出世の考えが背景にあったからこそ生まれた話だ。

また盆踊りや、★念仏《ねんぶつ》踊りといった仮装をすることに喜びを見出す祭りが増えてきたのもこの頃だ。応仁の乱後には、中止されていた祇園《ぎおん》祭も復活し、その熱狂ぶりは将軍や公家も見物に出かけるほどだったという。

このほかに流行していたのは、連歌《れんが》や小唄《こうた》、茶の種類を飲み当てる闘茶《とうちゃ》などがあったが、これらは争いに翻弄された庶民の最大の娯楽だった。

ちなみに、現在では当たり前となった1日3食の習慣もこの頃からである。

乱世で貧しかった庶民が、ある種開き直ったともとれるこの行動は庶民の心と体を豊かにし、多彩な文化を生んだのかもしれない。

★念仏踊り
名の通り念仏を唱えながら踊るもの。盆踊りはこれの発展形。

5時間目

戦国時代

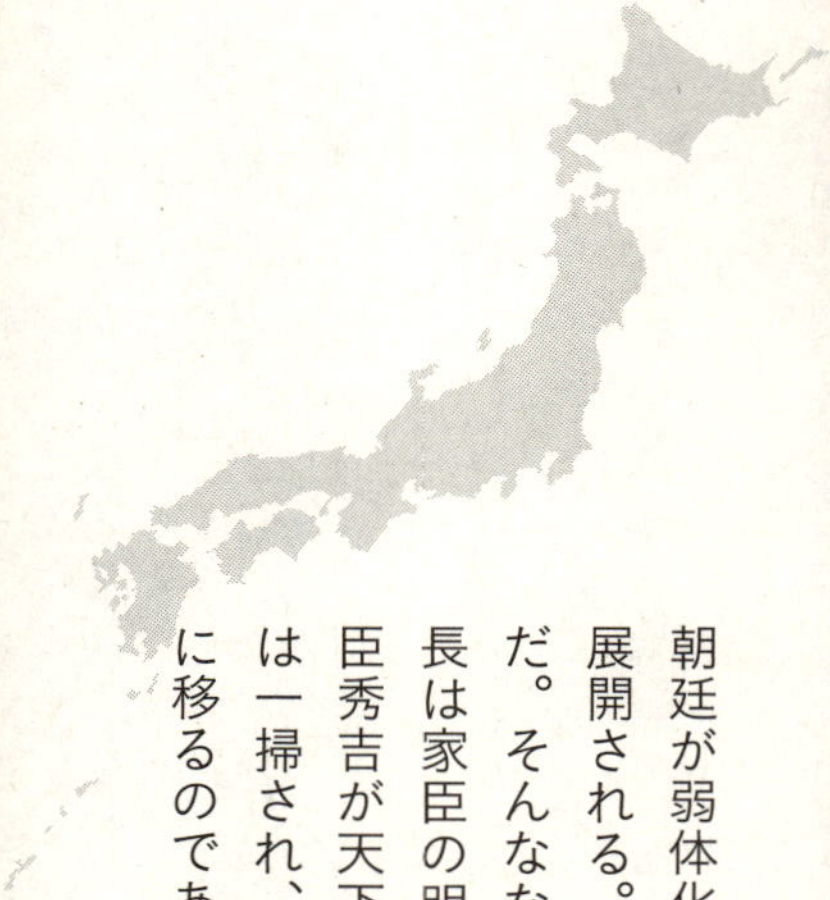

朝廷が弱体化すると、今度は壮絶な〝国盗り合戦〟が展開される。群雄が割拠する戦国時代に突入するのだ。そんななか、天下取りに名乗りを上げた織田信長は家臣の明智光秀に殺されてしまう。その後、豊臣秀吉が天下を取ったが、大坂の陣を最後に豊臣氏は一掃され、終局を迎える。こうして時代は徳川家に移るのである。

戦国大名

【キーワード】分国法／守護代／戦国大名／家臣／武田信玄／北条早雲／斎藤道三

危機管理能力のなさで部下に追い落とされた足利将軍

中世の日本を会社にたとえるならば、会長や社長にあたるのが天皇や朝廷で、将軍は実際の仕事をする専務ということになる。

実は戦国時代の背景には、この社長と専務が現場の仕事を全国の支店長クラスの社員にまかせきりにしていたことにある。

支店長にあたるのが守護《しゅご》大名で、その生え抜きの部下が守護代だった。彼らの仕事は受け持っている領土の治安を監視し、農民から年貢を取り立てることだ。

しかし、時として武装する農民★たちを操るためには武力

★武装する農民
年貢の取り立てがきびしいと村民は武装し、徒党を組んで土一揆を起こした。また地侍たちも自分たちの利益がおかされると、国人一揆を起こした。

や政治力が必要だ。そこで優秀な守護大名や守護代ほど勢力を保持し、多くの領土を持った独立国のようになっていった。その反面、無能な守護大名は消え去っていくしかなかった。

代わりに力を持ち始めたのが、地元で勢力を持っていた地侍と呼ばれる武士たちだ。彼らは国人《こくじん》ともいい、ここから戦国大名も生まれてくるのだ。

仕事をしない将軍はいつの間にかただのお飾りになってしまい、大名たちはその後釜を武力で奪い取ろうとした。

さらに、これに商人や農民の中からも一旗あげようと、血気にはやる者たちが戦いに加わった。これが戦国時代の始まりである。

戦国大名は自らの領土に★分国法《ぶんこくほう》という独自の法律をつくって治安を維持し、力のある守護大名は国人を家臣としてかかえていった。そして城を建てて城下町を作り、領土内

★分国法
家臣の結婚や相続について細かく決められているほか、喧嘩両成敗や農民の離村の禁止なども定めた。もっともきびしく処罰されたのは、年貢を納めないことだった。

の商業や産業の発展に力を注いだのだ。

地方分権の問題が叫ばれて久しい現代にも、どこか共通するものがありそうだ。

戦国大名はもと商人、知恵と勇気で天下取りをめざせ！

トップの座をたらい回しにしている金太郎アメのような現代の政治と違い、戦国時代に大きな勢力を保持していた大名たちには魅力的な人物が多い。

足利《あしかが》氏の権威が落ちるとともに天下取りを狙った主な大名は13人。その出身も生い立ちもさまざまだ。

たとえば、守護大名から力をつけた薩摩の島津《しまづ》氏、駿河の今川《いまがわ》氏、周防《すおう》の大内《おおうち》氏。守護代から出てきた越前の朝倉《あさくら》氏、越後の上杉《うえすぎ》氏、そして最初に天下をとった尾張の織田《おだ》氏など、それぞれの政治力で自らの地盤を着々と築いてきた。

しかしおもしろいのは、美濃の斎藤道三《さいとうどうさん》だ。彼は商人出身だが、その才覚で大名にまで駆け上がった人物だ。

さらに関東の北条早雲《ほうじょうそううん》は、なんと浪人だった。突然小さな城の主になるや、あっという間に伊豆を手に入れてしまうのだ。知恵と勇気があれば、誰にでも大名になれるチャンスがこの時代にはあったのである。

また、甲斐の武田信玄《たけだしんげん》は中国の兵書からとった風林火山《ふうりんかざん》★の旗が有名だし、その敵の信濃の上杉謙信《けんしん》は、信玄の困窮に同情して塩を送り、「敵に塩をおくる」ということわざまで生んだ人物でもある。

彼らに共通していえるのは、治山治水といった公共事業★に力を入れ、領内の経済の発展に力を注いだ優れた政治家だったことだ。

そしてなにより、それ以上に男気があったことは多くの歴史小説が伝えているとおりだ。ルールのなくなった戦国

★風林火山
「はやきこと風のごとく、しずかなること林のごとく、おかす(侵略)こと火のごとく、動かざること山のごとし」という格言。

★公共事業
用水路や洪水を防ぐための堤の建設、鉱山の採掘や地場産業育成のために特産品の生産の奨励など多岐に渡って行われた。

時代を生き残って、さらに天下取りをめざす男たちはさながら成り上がりたちの群像でもあったわけだ。

忠臣愛国のサムライはこうしてつくられた

軍隊で一番大切なのは、今も昔も統率力である。それがなかったなら一丸となって攻め入る敵と戦うことはできない。

戦国時代はまさにそれだった。なにしろ弱みをみせたらいつ敵が攻め込んでくるかわからない、弱肉強食の世界そのものだったからだ。

このため、一国一城の主となれば★富国強兵《ふこくきょうへい》こそが政治のモットーだった。しかし問題は軍事組織だ。なにしろ下剋上の世界は、いつ部下にクーデターを起こされてもおかしくはないのだ。

このため、実力のある国人も含まれる家臣団の組織づく

★富国強兵
財源を確保するために経済を活発化させた。とくに誰でも商売ができるようにした「楽市」などは、民間需要を刺激した。この政策はのちに信長が拡大させる。

りは重要だった。まず彼らの城となっている砦《とりで》をできるだけなくし、目が届くように城下町に移住させた。

さらに家臣も3つに分けた。1つは大名一族の一族衆《いちぞくしゅう》であり、もう1つは国人の国衆《くにしゅう》、そして他国から来た武士が家来になった新参衆《しんざんしゅう》である。歩兵の「足軽」はこの下に組織★された。

戦争となると家臣団を統率するために軍奉行《いくさぶぎょう》が置かれて指令が出されるが、この時、家臣たちはいくつかの組に分かれた。いわば部隊が編成されるのだ。

この組の責任者には組頭や寄親《よりおや》と呼ばれる者たちが統率にあたっている。そして、戦時下の日常生活は武士に鍛錬を求めたのだ。

この時から忠臣愛国をモットーにする、企業戦士ならぬサムライがつくり出されていったのである。

★組織
家臣の下には郎党、仲間、小者が置かれ、ピラミッド状の組織が形成されていた。このことで意思の統一が図りやすく、部下の動きも監視しやすくなった。

井伊直虎

［キーワード］
次郎法師／今川氏／小野政直・政次／三河・田原城攻め

オンナに生まれ、男名を名乗ったのはお家を守るため!?

今や女性のトップリーダーはめずらしくなくなったが、鎌倉時代には夫に先立たれて領国の当主になったオンナ領主もいたらしい。

ただこれが群雄割拠の戦国時代となれば、話は別だ。戦の猛者《もさ》相手に女性が国を取り仕切るのは至難の業である。

ところがそんな乱世に、あろうことか国を率いていた女城主がいた。名を井伊直虎《いいなおとら》という。直虎は男の名前だが、本人は誰が見てもれっきとした女性だ。

幼名は定かではないが、出家した際には次郎法師《じろうほうし》という男名で、30歳頃に還俗★して井伊家の家督を継いだ時から亡

★**還俗**
出家して僧侶となった者が俗人に戻ること。

くなるまで直虎と名乗っている。

ところでなぜ、女として生まれながら男の名前を名乗り続けたのか。それはひとえに「お家」を守るためだ。

井伊氏は古くから浜名湖の北側にある井伊谷に住み、遠江《とおとうみ》の国を支配する土豪だった。遠江の隣には対立する駿河があり、駿河の守護である今川氏に侵攻され敗れたため、今川氏の支配下に置かれたいきさつがある。

ただ領国の経営は独自に行っていて、いわば〝今川傘下〟という微妙な立場にあった。

乗っ取りをたくらむ輩は、実は内部の人間だった！

武将に仕える者であれば、誰もが下剋上のチャンスをうかがっていたこの時代、家臣とはいえめったに信用することはできなかった。

井伊氏のケースでいえば、それは小野政直《おののまさなお》という人物だった。政直は井伊氏の重要な役職に就いているにもかかわらず親今川派で、いずれは遠江を我が物にしたいという野望を抱いていた。

そんな小野が動いたのが、1542年に起きた三河・田原城攻め★後のことだ。領国拡大をかけて臨んだ今川軍と織田軍との戦いで21代当主の井伊直宗《なおむね》が討死し、22代にその嫡男の直盛《なおもり》がついた。

しかし、直盛には娘が1人いるだけで男子の跡継ぎがなかった。

この娘が後の直虎なのだが、直盛は叔父の直満の息子である亀之丞《かめのじょう》を娘の婿養子に迎えて、将来は亀之丞に家督を継がせようともくろんでいた。

ところが政直はこれを快く思わなかった。自分の息子を婿養子として井伊家に送り込みたいと考えていたようだ。そこで、直満とその弟の直義が謀反を企てていると今川氏

★三河・田原城攻め

勢力の衰えた松平氏の三河地方の覇権を巡る、織田信秀と今川義元の戦い。1542年と1548年の2度にわたって激闘が繰り広げられた。

に告げ口をして、２人を自刃に追い込んだのだ。

さらに亀之丞にも命の危機が及んだことから、直盛は亀之丞を信濃に匿っている。

突如として許嫁が姿を消してしまったわけだが、そのため娘はその後、出家して次郎法師として仏門に入った。

跡継ぎの男子がいなくなって、ついに女城主現る！

難癖というのは、一度つけられるとたわいのないことでもああだ、こうだとイチャモンをつけられるものだ。

小野政直がこの世を去ると信濃に身を隠していた亀之丞が伊井谷に戻ってきたが、彼はこの時、すでに元服して直《なお》親《ちか》を名乗っていて井伊一族の娘しのと結婚していた。

この頃から、井伊氏に容赦のない不幸が襲いかかるようになる。

まず、直親が戻ってきて１年後に今川軍と織田軍の最終決戦である桶狭間の戦いが起こった。これで今川軍を率いた今川義元と井伊家の当主である直盛が討ち死にし、今川の勢力は一気に弱体化していく。

次の年には直親に待望の男の子である直政（幼名は虎松）が生まれるものの、その翌年には謀反の疑いがかけられて直親が殺害されてしまうのだ。

このいわれのない濡れ衣を着せたのは、またしても小野政直の嫡男の政次《まさつぐ》だった。

こうして井伊家を継ぐ男子はとうとう幼い直政だけになってしまったが、政次が執拗にその命を狙ってくるため、母のしのは三河の松下清景と再婚し、一時的に直政から井伊姓を捨てさせた。このことで、井伊家からはついに男子がいなくなってしまったのだ。

ここでついに表舞台に登場してくるのが、仏門から還った次郎法師こと井伊直虎である。

井伊家存亡の危機を救ったひとりの女性…
次郎法師こと井伊直虎!!

リリーフエース・直虎が、あの家康を頼りにしていた⁉

プロ野球で頼りになる中継ぎ投手といえばリリーフエースのことだが、戦国時代の井伊氏にとっては直虎がまさにそれだった。直虎はかつての許嫁の子供、直政を養子に迎えて父代わりとなって英才教育をした。

また、一時は小野政次に伊井谷を乗っ取られたが、同じく今川氏の支配下にあった三河の徳川家康《とくがわいえやす》の力を借りて取り戻すことに成功する。さらに15歳になった直政を家康に託し、戦国屈指の武将に育て上げたのである。

こうして井伊家当主としての役目を果たした直虎は、本能寺の変★が起きた1582年にこの世を去っている。

その後、直政は家康の天下取りになくてはならない存在となり、井伊家は直弼《なおすけ》などを輩出、江戸時代を通して徳川幕府を支えたのである。

★本能寺の変
天下統一を目前に、織田信長が重臣の明智光秀に殺害された事変。戦国時代、最後の下剋上といわれる。京都の本能寺で就寝していた信長が明智軍に包囲され、自ら寺に火を放って自害した。光秀は、信長の訃報を聞いて中国の備中高松城から戻ってきた羽柴秀吉と京都の山崎で戦い、敗れて命を落とす。

キリスト教の伝来

［キーワード］
南蛮文化／フランシスコ・ザビエル／キリスト教／キリシタン大名／天正少年使節／バテレン追放令

ポルトガル人が日本を世界有数の銃社会にした!?

和製英語は日常生活の中に今もってなお氾濫しているが、ボタンやパンといった言葉は、実はポルトガル語なのである。

言葉の歴史をひも解くと1543年、鹿児島の南方にある種子島《たねがしま》に来航したポルトガルの商船に始まる。

この時、日本にはじめてもたらされたのが火縄銃《ひなわじゅう》★だ。それまで弓矢や槍しかない下剋上の世界に新たな武器が登場したのだ。

案の定、火縄銃は全国に広がり、その後国内でも作られるようになった。一説によると、当時の日本は世界有数の

★火縄銃
長さ111センチぐらいのもので、縄に火をつけてそれを引き金で火薬に点火させて撃つ。ただ雨に弱いのが難点だった。

銃の生産国だったとさえいわれている。

そして鉄砲と一緒にもたらされたのが、南蛮《なんばん》文化だ。南蛮★とはポルトガルやスペインのことを指す言葉で、彼らは当時の西洋のさまざまな先端技術を日本に持ちこんでいる。

この中には時計や眼鏡、タバコあるいはカステラや合羽《かっぱ》などといったものまで含まれており、日本人にはどれも珍しいものばかりだった。

さらに彼らは、生糸《きいと》や絹織物といった中国の商品も仕入れて販売した。

ポルトガルやスペインの商船はこれらを銀と交換して、帰りの船で中国に立ち寄り、今度は本国に輸入する商品を仕入れたのだ。

そういう意味では、外国の商船が日中間で中継貿易を行っていたことになるが、金銀銅の豊かな鉱山を背景に、中世の日本はおそらく内需依存型の輸入大国だったのだろう。

★南蛮
ヨーロッパは大航海の時代に入っており、当時のスペインは西ヨーロッパで大帝国を築いていた。1600年にはアジアとの貿易のために東インド会社も設立された。

キリスト教は隠れ蓑？　商人だったザビエル

日本人にとって身近な宗教といえば、仏教とキリスト教だろう。この2つの宗教には共通点がある。ともに海外からもたらされたものであることと、先進国の文化を運んできてくれたことだ。

キリスト教を信仰する人はキリシタンと呼ばれ、種子島に鉄砲と一緒にやってきたのが始まりだ。しかし、本格的な布教活動★が行われるのはそれから6年後の1549年、宣教師のフランシスコ・ザビエルが鹿児島にやってきてからである。

ザビエルは2年と3カ月の間日本に滞在したが、その間熱心な布教活動を行い、その後次々とやって来る宣教師たちのための基盤を築きあげた。

ところで、これほど熱心に宣教師たちが布教活動を続け

★布教活動
神学校も建てられた。そこでは司教者を養成するための学科があった。上流階級の子供たちには文学や音楽、あるいは美術工芸などを教えていた。

た背景には、実はポルトガルの世界戦略が隠されていた。それは、キリスト教を広めることで新たな貿易地や植民地を増やそうという野心だ。

大航海の時代を迎えていたポルトガルはキリスト教をアジアへ布教させるため、宣教師を商船に乗せて東へ東へと向かわせていた。

ポルトガル人が日本に興味をもった理由の1つに、イタリアの商人マルコポーロ★が書いた『東方見聞録』がある。ここで日本は、建物にも金を使う〝黄金の国〟として紹介されていたのだ。

ザビエルが商人を兼ねていたことを裏づけるものとして、彼が日本上陸後に書いた手紙がある。そこには、何を日本人に売れば莫大な利益が得られるかが指示してあるのだ。

大昔の彼の目にも、日本はボロ儲けできる金満国家に見えたのかもしれない。

★マルコポーロ
ベネチアの商人(1254年〜1324年)で旅行家でもある。宝石商の父親らと1271年に東に旅立ち、各国をまわった。その体験談を筆記させたものが『東方見聞録』。

チャリーン！
フランシスコ・ザビエル

南蛮文化をめぐるキリシタン大名の本音とタテマエ

新興宗教ではないが、今までに聞いたこともない新しい考え方や思想は、往々にして人々の心を魅了することがよくある。

神の前では老若男女誰もが平等で、キリストだけを信じて祈れと説くキリスト教もご多分にもれず、まさに中世の日本人の心をつかんだ。

入信する者は農民から武士まで身分を問わずに広がり、なかには肥前長崎の大村純忠《おおむらすみただ》のように大名が入信するケースまでもでてきた。

洗礼を受けた彼らはキリシタン大名と呼ばれ、布教活動を保護した。

さらに、有馬晴信《ありまはるのぶ》や大友義鎮《おおともよししげ》などのキリシタン大名は、ローマ法王に少年たち4名を天正少年使節《てんしょう》★として派遣まで

★天正少年使節
1582年に渡航。4人とも洗礼を受け、それぞれ伊東マンショ、千々石ミゲル、中浦ジュリアン、原マルチノという名前だった。

するほどの熱の入れようだった。

ただ、少年使節が苦労を重ねながら無事帰国した時、すでに時代は変節を終え、豊臣秀吉《とよとみひでよし》が政権を握っていた。希★望を胸に故国の地を踏んだ彼らを迎えたのは、皮肉にもバ★テレン追放令だったのだ。

ところで、キリシタンの保護を行った大名の中には、ポルトガルとの貿易が本当の目的だった者もいたようだ。商船が寄港する条件の1つに、大名が布教を認めることが入っていたからである。

南蛮文化は巨大な富を生むものばかりだ。これを指をくわえて見ているわけにはいかなかったのだろう。

あやうく植民地!?　日本を救ったバテレン追放令

いつの時代もセールスマンはお客さんを開拓するのに熱心だ。ましてやそこにライバル会社でも現れようものなら、

★希望
少年使節は最先端のテクノロジーもみやげにしていた。活版印刷で、彼らはこれで出版も行っている。

★バテレン追放令
大名がキリシタンになることも禁止した。

さらに営業に力が入るというものだ。

実はスペインが日本にやってきた背景には、この競争の原理が働いていた。

当時のヨーロッパはアジアと貿易することで富を築こうとする国ばかりで、特にスペインやポルトガル、それにオランダは互いにしのぎを削っていた。

16世紀から17世紀にかけてのアジアの地図を見ると、この3国の勢力の強さがどれくらいのものなのかわかるはずだ。ボルネオやスマトラ、あるいはマニラなど赤道に近い国々はいずれかの勢力圏に必ず入っていた。

しかも力のない国は、植民地化されるという厳しい選択も待ち受けていた。

日本も一歩間違えば貿易だけに終わらず、植民地化される危険性もあった。バテレン追放令はその点で評価されてもいいかもしれない。

織田信長

【キーワード】
桶狭間の戦い／足利義昭／本能寺派／鉄砲隊／長篠の合戦／楽市楽座

「うつけもの」が考え出した天下統一の意外な戦略

下剋上の戦国時代をすごろくにたとえるならば、ゴールは朝廷のある京都だった。いくら力がある者でも天皇に認めてもらわなければ、天下統一という大事業は果たせなかったからだ。

血気にはやる戦国大名たちは誰もが戦力を蓄え、天皇に最高権力者の座を認めてもらうための大義名分を探していた。★尾張の織田信長《のぶなが》もその1人だった。

父、信秀《のぶひで》の死去により信長は19歳（1551年）で後を継ぐことになった。しかし、本来が激しい気性の持ち主であることに加え、隣国の老獪《ろうかい》な大名たちになめられること

★尾張
今の愛知県は、当時の尾張と三河の2つの国から成り立っている。

を心配してか、若い頃は赤い刀を差し、人目をはばからず柿をもいでかぶりつくといった奇行をとっていた。

人はそんな彼のことを「うつけもの（おろかもの）」と呼んだが、しかし足軽★を組織化し強力な軍隊に仕上げるなど、これまでの常識にとらわれない発想の持ち主で、軍事の天才だった。

御年30歳の時、東海地方で最大勢力をもつ隣国の今川義元《よしもと》を桶狭間《おけはざま》で奇襲攻撃（１５６０年）によって破ると、力のある戦国大名を次々と滅ぼしていった。

そして、１５６８年に念願の京都に入るのだ。しかし身分にすれば、信長は武力を誇示する一介の大名に過ぎない。朝廷に乗り込むためには何か理由をつくらなければならなかった。

そこで考えたのが全国の武士の長でありながら、権威が地に落ちていた室町幕府の「将軍」を盛り立てることだっ

★足軽
戦争の時に参加する民兵のようなもので、略奪で収入を得ていた。しかし、信長は給付金を与えることで専門の兵隊として組織した。

た。それならば朝廷も大名も文句がつけられないと考えたのだ。

いかに日本人が昔からタテマエ好きだったのかがわかるというものだ。

反乱を恐れて寺を焼く信長の罰当たりな生涯

自分の仕事をひと様のためにやっているといえばカッコがいいし、尊敬もされるだろう。信長が天下取りの理由にしたのが、足利義昭《よしあき》を担ぎ出すことだった。義昭の兄の義《よし》輝《てる》は13代将軍だったが暗殺され、弟の義昭もその座を奪われていたのだ。

信長は威風堂々と京都に乗り込み、義昭を征夷大将軍《せいいたいしょうぐん》★として天皇に任命させた。これで自分の思い通りになる政権ができるはずだった。

ところが、調子に乗った義昭は信長に将軍風を吹かし、

★征夷大将軍
8世紀ごろ、蝦夷（北陸、奥羽地方）を征服して税金を取り立てるのが仕事だった将軍職の名前。

刃向かうようになってしまう。結局、彼は京都から追放されて事実上、足利政権の室町幕府は滅亡してしまうのだ。

天皇をバックにつけた信長は怖い者なしとなり、天下統一のために最後の仕上げに手をつける。刃向かう勢力を潰しにかかるのだ。

当時、3つの強敵がいたが、1つは力のある戦国大名、もう1つは広く荘園《しょうえん》を持つ大寺社、それに一向一揆《いっこういっき》だった。なかでも一番の敵は宗教が絡む一向一揆だった。

親鸞《しんらん》が始めた浄土真宗は後にいくつかの派に分かれたのだが、そのうちの1つが京都の本願寺派★である。

この本願寺派は農民とひざを交えてわかりやすく布教することで信者を増やし、しだいに農民は講《こう》というものに組織化されていった。

そして、重税をかけたり無理難題を押しつけてくる権力者に抵抗するようになったのだ。

★本願寺派
浄土真宗の開祖の遺骨がある京都の寺。14世紀の中頃から北陸地方で信者を増やした。

死ねば極楽往生できる、と信じる武装集団ほど怖いものはない。彼らに恐怖を感じた信長は手当たりしだいに寺を焼き払い、老若男女を問わず信者を殺すことで本願寺派を軍門に下した。

しかし、家臣の明智光秀《あけちみつひで》に裏切られた信長の最期が本能寺という寺だったことは、なんとも皮肉なめぐり合わせだ。

軍事の天才が組織した「鉄砲隊」の実力

現代っ子とスマホの関係をみてもわかるように、生まれた時から先端技術が身近にあれば、すぐに自分のものにしやすい。

実は、当時の先端技術で天下を変えることになった火縄銃も、信長が9歳の時に種子島にポルトガル船によって持ち込まれたものだった。

新しもの好きの信長がこれを見逃すはずがない。彼が早くからこの火縄銃や南蛮文化に強い関心を持っていたのは当然のことだろう。

ただ、鉄砲は非常に高価なものだった。国内生産★をするにしても鉄や火薬を手に入れなければならない。そこで南蛮貿易に目をつけていた信長は、堺の商人を味方に引き入れ、これで大量に兵器を買い付けることができたのである。

鉄砲という新兵器はそれまでの戦法をすっかりと変えた。それを実証してみせたのが、★長篠《ながしの》の合戦だ。信長と家康の連合軍は、3000挺もの火縄銃を用意したのだ。

さらに専門の部隊である鉄砲隊を組織し、軍隊の正面に据えた。長篠でぶつかった敵は、当時最強といわれていた武田勝頼《かつより》だ。

武田軍は騎馬隊で戦況を有利に運ぼうと考えていたのだろうが、馬と鉄砲でははじめから勝負はついているようなものだ。

★国内生産
時の将軍足利義晴が見本として渡したものを、近江の国友村の鍛冶がコピーして作ったのが国産化の始まり。

★長篠の合戦
騎馬隊を防ぐために柵をめぐらし、その後ろに鉄砲隊を置いたという。攻め込んできた騎兵隊は柵の前で止まるので、そこを一斉射撃で全滅させた。

信長と家康の連合軍は、鉄砲隊で騎馬隊に一斉射撃を浴びせた。弓よりも破壊力のある弾丸に敵兵はひとたまりもなかった。

新兵器による戦争の新しいやり方がここから生まれたが、同時に死の商人も登場することになる。血を代償に払う技術革新はこの時から始まったのだ。

規制緩和で経済を発展させた信長の手腕

叫ばれて久しい規制緩和★だが、近頃は業界再編や消費の低迷で緩和のメリットも薄れがちだ。実は、信長もその規制緩和で活力ある新しい経済をつくり出そうとしていた。

もともと経済は、可処分所得が増えて消費が増えないと発展しないものだ。中世の世界でもそれは同じことだった。

当時、農業では二毛作や三毛作★が始まり、漁業も発達した。さらにその地域の特産物も作られ、商業が活発だった。

★規制緩和
産業などを育成させるために規制で市場を独占させていたものを、誰でも参加できるように規制をなくしたり緩くしたりすること。

★三毛作
1年のうちで米がとれた後に麦を育てるのが二毛作で、さらに大豆なども刈り取れるようにしたのが三毛作。農法が発達して一般的に行われていた。

しかし、何かにつけて年貢を取ることしか考えなかった領主たちは、商売を許可制にして店を開く者から多額の年貢をとったり、商人と結びついて専売制にしていた。

商売をする場所は「座」「関」「市」と呼ばれるところに限られたが、これらは全て領主に管理されていた。信長は★自分の城下町でこれを撤廃し、誰でも自由に商売ができるようにしたのである。

これを楽市《らくいち》・楽座《らくざ》といい、規制を緩和することで新しい商人が参入しやすくなり、経済は活性化するのである。

領主が商売を独占することができなくなったことで商品は多く出回るようになり、競争の原理で物価が下がることにもつながった。信長としても安く、大量に軍事物資を買い付けることができたわけだ。

いつの時代も経済を牛耳る者が時代をつくってきた。カネは剣よりも強しである。

★自分の城下町
信長は安土の町を楽市とし、いろいろな座の特権を廃止した。そして、商人たちは安土に宿泊することを義務づけて城下町を発展させていった。

真田家

［キーワード］武田氏滅亡／徳川家康／関ヶ原の戦い／大坂の陣

弱小がゆえの立ち回りのウマさ

アメリカ人はタフで豪快な、いかにもヒーロー然としたキャラを好むが、日本ではむしろそんな典型的なヒーローよりも、独自の技や知力を尽くして強者に果敢に立ち向かっていく脇役のほうが圧倒的な人気を博したりする。

それはたとえば、戦国時代でいうと天下人となった徳川家康になびくことなく真っ向勝負した真田昌幸《さなだまさゆき》・幸村《ゆきむら》親子だろう。

真田一族は信濃の国の山間の里である真田郷が発祥の地で、まわりを武田氏や上杉氏、北条氏、徳川氏といった大勢力に囲まれる弱小勢力だった。

初代の幸隆《ゆきたか》の代には甲斐の国の武田氏の家臣だったが、群雄割拠する戦国時代のこと、2代の昌幸は塗り替わっていく版図を読みながら次々と同盟相手を変えていくのだ。

そんな昌幸は「表裏比興《ひょうりひきょう》の者」とささやかれたりもしたが、一族の生き残りのために背に腹は代えられなかった。

業界再編を繰り返しては生き延びる現代企業のように、昌幸は巧みに戦国時代を生き抜いた。

生き残りをかけ、父子が政敵になる！

チャンスは常に準備している人のもとに訪れるといわれるように、風向きを読み、情報収集を怠らない人こそピンチをチャンスとして生かすことができる。

1582年4月、真田家のもとにもチャンスが転がり込んでくる。450年の歴史を誇った名門の甲斐の武田氏が、織田・徳川・北条3氏の甲州征伐★によって滅亡するのだ。

★甲州征伐
1582年、織田信長が勢力の衰えた甲斐の国の武田勝頼の領地に侵攻し、武田一族を滅亡させた一連の戦い。

武田氏の家臣として仕えてきた真田家は、これを機に独立して小大名となる。

さらにこの年は、時代を大きく変える事件が起きている。天下統一まであと一歩に迫っていた織田信長が、京都の本能寺で明智光秀に殺されたのである。

これによって時代は信長から豊臣秀吉に移り、版図も大きく変化した。そんな厳しい時代に真田家は大名としてスタートしたのだ。

それから16年後、天下統一という野望を成し遂げた秀吉が死去すると、豊臣五大老★のひとりである関東250万石の大大名、徳川家康が台頭してくる。

これに危機感を抱いた豊臣家の実力者、石田三成《いしだみつなり》が全国の大名に家康征伐を呼び掛け、各地の大名が三成派と家康派に真っ二つに分かれてしまう。天下分け目の関ヶ原の戦いが始まろうとしていたのだ。

★豊臣五大老
末期の豊臣政権をつかさどった徳川家康、前田利家、宇喜多秀家、上杉景勝、毛利輝元の5人の有力大名。秀吉が亡くなる直前に、家督を継いだ幼い秀頼が政権を維持できるようつくられた制度。

この時、真田家もどちらにつくか選択を迫られた。そこで昌幸とその2人の息子である信之《のぶゆき》と幸村は密議を開き、3人は一族を絶やさないことを第一に考えた。

つまり兄の信之は家康に、昌幸と幸村は三成について戦い、どっちが負けても一族が生き残る可能性がある手段を選んだのだ。

三成と家康にとっては天下取りの戦いだったが、それに組み込まれた全国の大名にとっては、まさに一族が滅びるか残るかのサバイバル・ゲームだったのだ。

真田のかく乱戦法は山伏が入れ知恵した？

上杉謙信《けんしん》は★車懸《くるまがか》りの陣、武田信玄は★啄木鳥《きつつき》の戦法、秀吉は★兵糧攻《ひょうろう》めと、戦国武将はそれぞれ得意とする戦術を持っていた。

ちなみに真田の十八番は、陰武者攪乱《かげむしゃかくらん》という戦法だった。

★車懸りの陣
敵を中心に円形に舞台を配置し、一番手、二番手、三番手…と入れ替わりながら連続で攻撃する戦法。

★啄木鳥の戦法
籠城している敵を挑発して外へおびき出し、野戦に持ち込む作戦。

★兵糧攻め
兵士や民衆が籠城している城を包囲し、水路や陸路など、敵の食糧補給経路を徹底的に断つ戦法。多数の餓死者を出すことで敵にダメージを与える。

これは複数の隊に家紋を染め抜いた幟《のぼり》などを持たせて大将がいる本陣に見せかけ、あちこちから同時に敵を攻めるという戦法だ。

どれが本物の本陣なのかがわからないように煙に巻き、敵をかく乱するのである。

そうかと思えば戦場に忍者を紛れ込ませ、ウソの情報を流して敵を混乱に陥れるのも得意とした。

真田家の発祥の地である真田郷には、★山伏《やまぶし》の聖地である四阿山《あずまさん》があり、真田家は古くから山伏と通じ合っていたのである。

その流れをくんだ忍者を効果的に使い、少数の勢力で大軍を迎え撃ったのだ。

このような知恵と策略をめぐらした戦法で、徳川の主力軍を率いて関ヶ原に向かっていた家康の息子、秀忠を信州上田に足止めすることにも成功している。

★山伏
山中で修業し、自然の霊力から呪術力を身に着けた修験道の行者。山伏が修得した術が忍者に引き継がれているといわれる。奈良の大峰山や鳥取の大山、石川と岐阜にまたがる白山などが霊山として知られる。

地方の小勢力でありながら抜群のアイデアで大勢力と互角に渡り合った真田家は、個性的な戦国武将が並び立つなかでも一目置かれる存在だったのである。

しかし、戦いの火ぶたが切って落とされた関ケ原に徳川の主力軍が間に合わなかったにもかかわらず、戦いを制したのは家康側だった。

昌幸・幸村父子は家康側についた兄の信之の嘆願によってかろうじて死罪は免れたが、高野山麓九度《くど》山に追放されて★蟄居《ちっきょ》を強いられることになる。

そして15年の時を経て、幸村は大坂の陣で家康との最終決戦にのぞみ、あと一歩というところまで追い詰めながらついに命を落としてしまう。

だが、真田の武者魂をかけたその戦いぶりは、家康に切腹を覚悟させたほどで、15万の徳川軍を恐れおののかせるのに余りあるものだった。

★蟄居
武士や公家に課せられた刑罰のひとつ。一定の場所に閉じ込めて門を閉じ、謹慎させる。

豊臣秀吉

【キーワード】
太閤検地／一向一揆／刀狩／士農工商／宣教師追放令／朝鮮出兵

要領の良さとあっぱれな手際で秀吉の天下に

弱者を切り捨てることで成り上がってきた信長も、隙をみせれば今度は自分が弱者となって切り捨てられる。下剋上の世の習いである。

優れた能力を持っていたため信長にうとまれ、それが故の反逆といわれているが、天下取りに名をあげたのは家臣の明智光秀だった。

信長が中国の毛利《もうり》氏を滅ぼすために安土城から遠征し、京都の本能寺に泊まっている時をチャンスとみて光秀は攻め込んだ。先に中国攻めを行っていた秀吉は信長の死を知るとすぐに毛利をだまして和平を結び、光秀の討伐に向かった。

当時も勝ち戦のキーワードは、スピードだ。秀吉は素早い動きでその11日後には光秀をうち破ってしまう。

しかし残された最大の問題は、信長の後継者選びだった。家臣は誰もが強者だ。そこで秀吉は一計を案じている。

信長の孫のわずか2歳だった三法師《さんぼうし》を立てることを考えたのだ。そして反対するものを滅ぼしてしまうのである。

あとは三法師になり代わり、秀吉自らが政権をとるのだ。その証として安土城よりも壮大で華麗な大坂城を、信長が滅ぼした大坂本願寺の跡地に築城するのだ。

家康も一度は秀吉と一戦を交えるものの「鳴くまで待とうホトトギス」と後に歌われるように、戦が長期戦になるのを不利と考え講和するのだ。こうして秀吉の時代が始まるのである。

政権はいつの時代も力の論理で代わるものだが、いかに

★三法師
信長の3男の信孝を立てるよりも、2歳の幼児のほうが政権を乗っ取りやすいと秀吉は考えたようだ。結局、信孝は秀吉に滅ぼされてしまう。

機をみてうまく立ち回れるかが権力者の条件となっているようだ。

隠し不動産をあばいた秀吉は中世のマルサだった!?

トップに立つ人間は、いつの時代でも自分に刃向かう者に対して頭を悩ませる。織田氏から天下を取った秀吉は、敵から戦力そのものを奪ってしまおうと考えた。

そこで目をつけたのが資金源だ。そもそも戦には武器や兵隊などに金がかかる。だったらその余分な金を誰にも持たせないようにすればいい、と考えたのである。

当時の資金源といえば米作をおいてほかになかったから、誰がどのぐらいの農地を持っているかを調べれば、その人物の収入状態がよくわかる。

信長も所有している土地に応じて税金を取っていたが、収入は自己申告制だった。それを秀吉は自分自身で収入の調査をしたのだ。

これを太閤検地《たいこうけんち》というが、その徹底ぶりは今でいうマルサも顔負けだった。

秀吉の家臣が実際に村々を回り、田畑や山の土地の大きさを1つひとつ計って検地帳★に書き入れるのだ。そこから1年間にとれる米の量を石高《こくだか》★として算出した。

そして年貢は総石高の3分の2に設定したため、農民らは食べるだけで精一杯で隠し財産を持とうにも持てなくなってしまった。

収入をガラスばりにされたサラリーマンが、キッチリと税金を天引きされてしまうのと同じ仕組みだ。

農民一揆を封じ込めた戦術とは

戦いに明け暮れた秀吉がもっとも恐れていたのは、実は弱肉強食の時代の中で生き抜いた戦国大名たちではなく、

★検地帳
細かく農地の登録がされた。その内容は土地について田畑と屋敷などの種別、面積、生産高（どのぐらい取れるかの基準があった）、登録人、というものだった。

★石高
米以外の農作物も米に換算して収穫高を決めた。その計量には専用のマスが用意されるほど徹底しており、秀吉の直接所有しているところだけで200万石に達していた。

なんと農民たちだった。彼らは地侍★や寺の僧兵などと一緒に、いつ武器を持って戦いを挑んでくるかわからない存在だったからだ。

検地のように中央の権力が自分たちの権利や利益を奪おうとすると、集団で武装蜂起することが多かった。なかでも一向一揆★にはかつての主君だった信長も手を焼いている。宗教を相手に戦いを挑むのは相当の覚悟が必要だったのだ。

敵が同じ一国一城の主なら、十分な兵力を持って戦うことができる。敵の城を陥落させ首謀者の首を取り、その血縁者を皆殺しにしてしまえば勝利を手中に収めることができる。だが、城を持たない農民の一揆となると手の打ちようがないのだ。

そこで秀吉が行ったのが刀狩《かたながり》だった。農民を含めて敵になりそうな相手から武器を全て奪ってしまおうと考えたのだ。

★地侍
鎌倉時代から農民にも貧富の差ができ始め、それによって階級が分かれ始めた。豊かになった農民は商売を行い、稼いだカネでさらに土地を買い増した。彼らは用心棒を雇い、土着の武装集団にもなっていた。

★一向一揆
一向宗(浄土真宗)の農民と地侍が連合して、大名の領国支配に対して起こした一揆。

対象にしたのは寺院や農民、それに町人に至るまでほとんどの人々で、刀や槍、弓をいろいろな名目★をつけて片っ端から没収したのである。

身分を士農工商というように4つに分類して、武士と農民と商工業者をはっきりと分けてしまい、武士以外は武器を持てなくしてしまったのだ。

それだけではない。身分制になったことで農民は世襲的に農業に専従することを義務づけられてしまったのだ。

2代目社長や親の地盤を引き継いだ2世議員などが時おり批判を浴びているが、時代を超えてもこの世襲制度、日本人には案外なじみやすい権力継承システムかもしれない。

キリシタン弾圧はふられた腹いせ？

毒をもって毒を制すというが、秀吉は最初キリシタン★の布教を黙認することで一向一揆の対抗勢力にしようと考え

★名目
さまざまな理由を挙げたようだが、その中には「京に大仏を建立するため」というのもあった。これは大仏殿にともなって必要なる釘のために鉄を差し出せというものだった。

★キリシタン
カトリック教やその信者のことをキリシタンと呼んだ。貿易をするために大名は宣教師を喜んで迎え入れた。1582年には全国で15万人いたといわれる。ローマ法王に謁見する使節団も送られたという。

ていた。

アメとムチを使い分けるような弾圧で一揆は抑えられたが、その間、キリシタンはどんどん信者を増やしてしまったのだ。

秀吉がそれに気がついたのは、1587年に九州に遠征に行った時のことだった。

なにより秀吉を驚かせたのが、外国人宣教師たちの大名への影響力の大きさだった。何と、長崎は教会の領地にまでなっていたのである。

さらに秀吉をあわてさせたのが、スペイン船の船員が取り調べで自慢気に言った言葉だった。「スペイン王はキリシタンで人心をつかみ、そのあとで国を征服する」というのだ。

すぐに秀吉はキリシタンの弾圧を始め、宣教師追放令★を出して布教を禁じた。

★宣教師追放令
バテレン追放令とも呼ばれるが、その理由は日本が神の国であるという以外に、日本人を奴隷として売り買いしているということも挙げている。

理由は、日本は神の国だからキリシタンは邪教である、というのである。

しかし、もう1つの背景があった。それはポルトガル船との貿易を独占している九州の大名たちが財力を蓄えることを恐れたのだ。

もともと独立心の強い地域だけに、経済力が軍事力に結びつけば新たな勢力になると考えたのである。

また一説によると、キリシタンの人心への影響力の強さを知ったのは、好色だった秀吉が博多に滞在中、何人かの女性を寝室に呼ぼうとしたものの教義の貞潔を理由に断られたことがあったためともいわれる。

女性スキャンダルでクビになった政治家は現代でも珍しくないが、まさに古今東西を問わず政治の陰にオンナありということだろうか。

貞潔を守ります！
キリシタンは邪教である!!

朝鮮出兵を決意させた、のっぴきならない事情

独裁者に妄想はつきものだ。全国制覇を成しとげた秀吉もそれは同じだった。天下を取ってもその欲望は収まらず、次なる野望は隣国、朝鮮を領土にすることだった。

しかしなぜ、朝鮮を侵略★しようと思ったのだろうか。おそらく日本という単一国家の最高権力者であるよりも、隣国を植民地として従えた帝国の専制者になりたかったのに違いない。

それに歴史書が伝えているように、死んだ後に神★として祭られたい欲望もあったのかもしれない。

だが、それだけでは十分な動機とはいえない。実は、大名たちの欲望もこの侵略戦争を後押ししたのだ。

秀吉は天下統一の際に戦国大名たちの力を弱めることを考え、同盟関係にあった味方の大名も「国わけ」といってそれまでの領土から別の場所に移してしまった。

★朝鮮を侵略
1592年に侵略戦争を開始した。最初は相手方の油断もあり連勝した。平壌まで攻略したが民衆の蜂起もあり、食料が手に入らなくなり敗退した。病気で死んだ者も多い。

★神
古今東西を問わず、専制的権力者は最後に自らが神となることを望んでいる。秀吉も自分のことを「日輪の子」と呼んだ。つまり、天道にかなったことをしているというわけだ。朝廷の権威が使えないので神を持ち出したようだ。

当然、辺境の領地を与えられた者もおり、それまでの働きに対して十分な領土をもらっていないと不満を持つ大名も多かった。

もし朝鮮を侵略すれば、新たな自分の領土を増やすことができる。こんな胸算用が大名たちに片棒をかつがせたのである。

さらに、秀吉にはもう1つの考えがあった。それは、それまで戦争を飯のタネにしていた浪人たちの始末だ。彼らをそのままにしていたのでは、必ず何かの反乱に結びつくことがわかっていた。そこで秀吉は自ら軍隊を作り、朝鮮へと出兵させたのだ。

ところが民衆の激しい抵抗に遭い、現地で食料が調達できなくなり、結局秀吉軍は負けてしまう。民衆こそが一番力を持っていたのである。

桃山文化

［キーワード］
人形浄瑠璃／歌舞伎踊／城郭／茶の湯／千利休／狩野永徳／南蛮文化

世界に誇る日本文化が戦国の世に花開いたのはナゼ？

日本文化のすばらしさに感動するのは、美術館や城を訪れた時だ。特に秀吉や信長が活躍した頃の文化はそれまでのものと大きく違っている。

この時代のことを桃山《ももやま》★文化と呼ぶが、一番の特徴は仏教などの宗教色が薄れ、人間臭さが出ていることだ。

それは、信長が仏教を敵に回したことや、秀吉が絶対的な権力者を印象づけたかったことが背景にある。

さらに南蛮文化が入ってきたことで、外国へのあこがれが和洋折衷の芸術形式を生んでいる。聖画像からの刺激で西洋画もはじめてこの時に登場するのだ。

★桃山文化
秀吉の城だった伏見城に徳川政権の2代目となった秀忠が桃の木を植え、桃山城と呼ばれることになった。桃山文化はその名前をとったもの。

しかし、その一方では★千利休《せんのりきゅう》が茶の湯を通して、わび・さびの独自の世界を確立したのも特徴的だった。

まさに、現代日本の文化の本質が全てこの時代に芽を出していると言っていい。また豪商も出現したことで、芸術に不可欠なパトロンまでがそろった時代だといえる。

戦国時代というと殺戮を繰り返す暗い世相のようにも思えるが、別な見方をすれば古い日本から新生日本に変わる時代の節目だったといえなくもない。

それを裏づけているのが、この頃盛んに行われるようになった庶民の娯楽である★人形浄瑠璃《じょうるり》や歌舞伎踊《かぶきおどり》だ。それまで貴族中心だった芸術が大衆のものとなったのである。

桃山文化はまさに日本のルネサンスだったのだ。

大名たちの見栄が建築技術と芸術を発展させた

軍事パレードや核実験を行う国の目的といえば、外敵に

★千利休
1522年〜1591年。堺出身の茶人。それまで4畳半だった茶の湯の空間を2畳や1畳半にする小間の茶室を生み出した。

★人形浄瑠璃
浄瑠璃はもともとは物語を歌って聞かせるものだったが、これに三味線が加わり、操り人形に芝居をさせたものが「人形浄瑠璃」として登場した。

対してその武力を誇示することと威嚇である。

　戦国時代もそれは同じだった。ただ、彼らが見せつけたのは城郭だった。いかに難攻不落で、しかも権力を象徴する城であるかを競ったのだ。今でも残る城郭は文化遺産となっているものも多く、大小の天守★を3つも持つ姫路城をはじめ、建築学的にみても興味深いものばかりだ。

　それまでの朝廷や寺社を中心とした宗教色の強い建物とは違い、戦争に勝つという目的が合理的で実利主義的なコンセプトを生み出したのだ。

　立地だけをみても攻めにくく、展望が利く山頂に建てた山城から城下町での政治がしやすいように平地に建てた平城まで世相の変化にともなってさまざまな城郭が作られた。

　堀に囲まれ、巨大な石垣を持つ城は訪れるものを威圧するが、さらに中に一歩入ると、今度は絢爛豪華な内装に驚嘆させられたはずだ。

★天守
城の中心部にある最も高い櫓《やぐら》のことで、いざ戦争となると展望台として使い敵の動向を監視し、司令塔にもなった。

居室の欄間《らんま》は彫刻されており、天井や屏風《びょうぶ》は金箔《きんぱく》を使い、濃い色の絵の具で繊細かつ勇壮な絵★が描かれていた。

大名たちの城への飽くなき願望は建築技術を引き上げ、豪華な装飾は多数の芸術家を育てていったのである。

観光の名所ともなっているこれらの城を見る時、強者たちの夢は消えても文化は時を越えて生き残ることを感じさせる。

千利休と狩野永徳は、権力に迎合しないアーチスト

文武両道に秀でることが最高権力者の条件といわれる。芸術を理解する心がなく、ただ腕力が強いだけでは出世の芽もないということだ。

そういう意味で信長と秀吉という権力者をみると、まさに文化の担い手でもあったことがわかる。

後の世に多大な影響を与えた桃山文化の中でも、代表的

★勇壮な絵
濃絵と呼ばれるもので、金箔や緑青《ろくしょう》を多く使い、深い色合いをつくり出し、立体的に見せる効果もあった。

なのは千利休と★狩野永徳《かのうえいとく》だ。

　利休はいわずと知れた茶道の元祖といわれる人物で、日本の文化の代名詞ともなる「わび・さび」を生み出したことで有名だ。彼が今でも高い評価を受けるのは、茶の湯という貴族趣味的なものを日常的なものに変え、さらにそれを芸術の域にまで高めたことにある。

　しかし、天才的なアーティストだけにひと言多かった。ただの茶人という枠をはみ出し、仕えていた秀吉にさまざまな意見を言ってしまうのだ。結局、それが反感を買って腹を切らされてしまう。

　狩野永徳はそれまでの屏風★などに描かれてきた濃絵を大成した人物で、その後、彼の弟子たちは狩野派を名乗り、日本を代表する絵画表現の流れをつくった。

　その画風は、唐獅子など勇壮なものが特徴だが、永徳は当時の庶民の生活を題材にしたものも数多く残しており、

★狩野永徳
有名な作品としては「唐獅子図《からじしず》屏風《びょうぶ》」や町民の生活を描いた「洛中洛外図《らくちゅうらくがいず》」がある。養子の山楽とともに大坂城や安土城に濃絵を描いた。

★屏風
障壁画と呼ばれるジャンルで、ふすまや壁に絵画を描くもの。中国の賢人などを題材にしている。

いきいきとした民衆の暮らしぶりも今に伝えている。

権力者に保護された文化だったに違いないが、彼らが表現したのは権力者への賛歌ではなく、民衆や人の心だった。日本の芸術がこの時はじめて生まれたといってもいいかもしれない。現在でも世界に通用するものばかりだ。

当時の最先端カルチャーはキリシタンが仕掛人？

中世のヨーロッパ文化は、キリスト教がゆりかごとなって育ったということができる。それだけに日本に上陸した南蛮人が携えてきたキリスト教は、海外の最先端の思想と文化だった。

これを南蛮文化という。アートの世界ではキリシタン文学と呼ばれるものと、洋画の2つが代表的なものだ。

なかでも興味深いのは文学の分野だ。キリスト教を広く広めるための教義書のほかに、イソップ物語なども刊行されている。文字は何とローマ字で書かれており、この頃から日本人はアルファベットや海外文学に親しんでいたのだ。

注目すべき活版印刷★の技術は、1590年に宣教師のヴァリニャーノが持ち込んだものだ。

一方の洋画も西洋の絵画技法が伝授されることになった。現在でもイコン（聖画像）と呼ばれる絵画は、ヨーロッパを代表する芸術性の高いものだ。宣教師たちはキリスト教を普及させるためには聖画像を描き、そこに心のよりどころを求めさせる努力をしたのである。

思想でも自殺の禁止や、一夫一婦制など倫理面に踏み込んだことを教えた。しかし、全く異質のものとして突然現れた南蛮文化は、権力者とは対立を繰り返すことになる。

異文化を受け入れる心の広さが民衆にはあったが、それを自分たちのものにするまでには、なかなか時間がかかってしまうのだった。

★活版印刷
『平家物語』や日本語の辞書なども出版された。出版された場所によって天草版や長崎版などの名前が付けられている。

６時間目

江戸時代

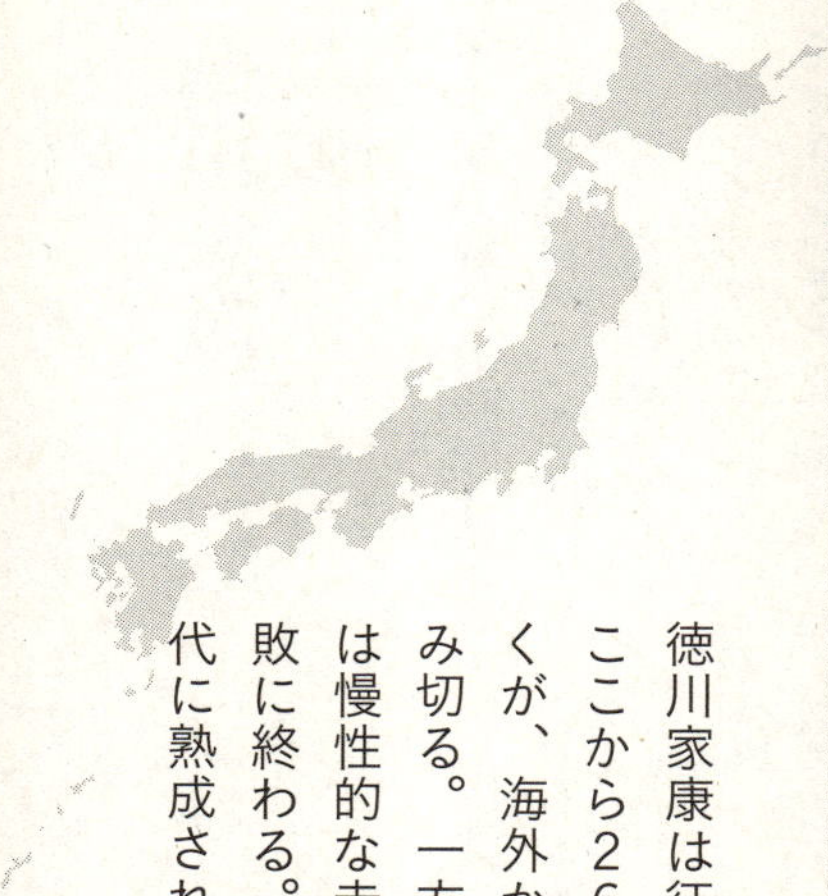

徳川家康は征夷大将軍に就くと、江戸に幕府を開く。ここから２６０年余にわたって天下泰平の時代が続くが、海外からの干渉を断つことを目的に鎖国に踏み切る。一方で、農民からの搾取を基盤にした財政は慢性的な赤字に陥り、数度にわたる「改革」も失敗に終わる。浮世絵などの日本固有の文化はこの時代に熟成されている。

徳川家康

［キーワード］
関ヶ原の戦い／武家諸法度／幕藩体制／旗本／町奉行／士農工商

関ヶ原の戦いの勝因は家康の巧みな根回しにアリ

跡目争いはどんな世界でも大変だ。それが最高権力者の座となるとなおさらである。

豊臣秀吉《とよとみひでよし》が死去すると、次に誰が日本の最高権力者の地位につくかが大問題となった。秀吉の子供には秀頼《★ひでより》がいたが、誰もかつぎあげようとはせず、政治の要を握っていた官僚の石田三成《いしだみつなり》と、大名の徳川家康《とくがわいえやす》がともに権力の座を狙い始めたのだ。

家康は三成に反感を持つ大名をあおり、味方につけると戦争を仕掛けた。これが天下分け目の決戦といわれる関ヶ原の戦いである。

★秀頼
秀吉が死去した時、まだ数え年で6歳だった。

天下を二分した戦争だけに軍隊の人数も半端ではなかった。家康軍は約７万人、一方の三成軍は８万人で合計すれば15万人以上にもおよんだ。

たしかに関ヶ原の戦いは兵隊の数だけでみれば三成に分があった。しかも家康軍は７万人なのだが、開戦に３万人の主力軍が間に合わない★というアクシデントに見舞われていたのだ。三成の軍隊は倍以上の兵を抱え、圧倒的に有利に思えたに違いない。

しかし用意周到な家康は、戦が始まる前から三成軍に加わる大名たちに１００通以上の手紙を出していた。味方につける努力をしていたのだ。

その点、三成という人物はよほど人望がなかったのだろう。倍の兵力で楽勝できるはずの戦で家康側に寝返るという大名が続出したのである。

三成軍は９人の大名で構成されていたが、そのうちなん

★間に合わない

家康の息子の秀忠《ひでただ》が開戦までに関ヶ原に到着するはずだった。しかし秀忠は、信州上田の真田《さなだ》昌《まさ》幸《ゆき》を攻め落としてから合流したので時間がかかってしまった。主力の軍勢を引き連れていたことから、さらに遅れていたら勝敗に影響していたかもしれない。

と5人もの大名が裏切ったのだ。しかも参戦しない大名までが出てしまい、勝負はあっという間についてしまった。

政治の世界では、何事にも駆け引きと根回しが大事なようだ。

海を埋め立ててまで「花のお江戸」を築いた家康の事情

家康といえば江戸★に城下町を作り、今の東京の基礎を築いた人物だ。しかし「花のお江戸」も最初から広大な土地が用意されていたわけではない。

家康は埋め立てをして町を作った。そこには2つの思惑が見て取れる。1つはゼロからの建設だから権力者に都合よく、思いどおりの町が作れることだ。

もう1つは、建設資金の調達で豊臣系の大名の財産を吸い上げてしまえることである。資金力がなければ戦争を考えることもできないだろう。さらに家康は全国の大名に

★江戸
かつて江戸氏という豪族が住んでいたという。しかし太田《おおた》道灌《どうかん》が江戸に城を築くまでの過去100年間は、住む人もいないところだったらしい。徳川氏が再開発を行うことではじめて人口が密集できるエリアとなった。

「★武家諸法度《ぶけしょはっと》」などを発布している。

これはいわば大名のマニュアルのようなもので、こうしなければならないという義務が書かれている。これによって一国一城以外の城は取り壊され、城の修理や大名の結婚にまで幕府の許可が必要になってしまった。

ただその一方で、全国に270前後はあったといわれる大名たちに、自分たちの領地を藩として与え自由に管理させることにした。幕府を頂点とした幕藩体制をつくったのである。

ところでこの大名も親藩《しんぱん》と譜代《ふだい》、それに外様《とざま》という3つの序列があった。

親藩は徳川家の一門で、譜代は徳川氏の家臣が大名になった者、そして外様は関ヶ原の戦いで味方につかなかった者である。

埋め立てによる湾岸開発で江戸を開いた家康の発想は現

★武家諸法度

武士向けのもの以外に「禁中《きんちゅう》ならびに公家衆《くげしゅう》諸法度」という朝廷の管理を行う制度も同時に発布させている。天皇を政治の舞台から切り離してしまおうというのが狙いだった。

代でも受け継がれている。

しかし、開発で文化遺産を残した家康と、孫子の代まで借金だけを残してしまう現代とでは同じ開発でもずいぶんと違う。

徳川政権が270年も続いたのは官僚政治のお陰？

『旗本退屈男《はたもとたいくつおとこ》』は、旗本侍がひまに任せて難事件を解決する有名な時代劇だが、彼らは本当に1日中働かずにぶらぶらしていたのだろうか。

実は、徳川政権★が264年間にわたり幕府として政治を行ってこれたのは、彼ら旗本などが政治の実務を担当して官僚のように働いていたからだ。

その幕府の組織をみてみよう。最終的に意思決定を下すのは将軍だったが、その下には老中《ろうじゅう》、若年寄《★わかどしより》といった政治を全て統括する役職を置き、実務をまとめさせていた。

★徳川政権
徳川歴代将軍は家康、秀忠、家光、家綱、綱吉、家宣、家継、吉宗、家重、家治、家斉、家慶、家定、家茂、慶喜。

★若年寄
老中を補佐するのが仕事で、旗本や御家人の行状を監察もした。さらに、将軍の警護の責任者になるなど多忙だった。だいたい3名から5名ぐらいで毎月交代制で仕事を行った。

さらにそれと並行するように寺社奉行《じしゃぶぎょう》や大坂城代《おおさかじょうだい》といった寺社や、西日本の大名たちを監視する情報機関のような組織も作ったのである。

これらから集まる情報は将軍のもとで一本化されるが、なかでも事件性のあるものについては幕府の最高司法機関である★評定所《ひょうじょうしょ》で扱われ、場合によっては老中も加わって裁決をしたという。

江戸の治安や大名全体の監察は町奉行や大目付《おおめつけ》といった職が老中の下に置かれ、不穏な動きがあればすぐに報告し、指示に従ったのである。

いわば官僚主導で情報網を張り巡らし、国家警察のように活動していたのが江戸幕府だったのだ。

その官僚として仕事にあたったのが譜代大名や将軍直属の家臣である旗本、それに御家人だった。

官僚が日本を動かしているのは今も同じ。お役所仕事を

★評定所
最高司法機関だけに、寺社奉行、町奉行、勘定奉行といった各分野の最高責任者を中心に大目付なども参加した。

つくったのは天下の家康だったのだ。

徹底した身分社会が生み出した新たな最下層の悲劇

創業100年を越える老舗のソバ屋が今日も商売繁盛で店を続けていられるのは、変わらぬ味をずっと維持してきたからだ。先祖代々にわたり子供たちがのれんを守ってきたのである。

今でこそ職業選択の自由は法律で保障されているが、徳川政権は逆に職業を選択させず、親の仕事をそのまま継がせる世襲制を政治の要に置いていた。

幕府が長期政権を維持できたのは官僚機構の緻密さだけが理由ではなく、このように社会全体を世襲性の身分社会に置いたことも大きく影響している。

士農工商は豊臣秀吉が打ち出した政策だったが、徳川政権はそれを徹底させた。特に江戸時代は現在のように貨幣経済ではなく米穀経済★がメインだったため、米の生産量が財力を決めたのだ。

それだけに農民は厳しく支配され、「生かさず殺さず」扱うことが原則とされた。

このことは農民★の間にも格差を生ませる背景となった。農地を持っているかどうか、あるいは米を作る働き手があるかどうかが問題となったのである。

その結果自分の農地が持てず、奴隷のように働くしかない〝水飲み百姓〟をつくり出すことになってしまう。

さらに、固定した身分社会はそのまま差別社会となり、士農工商の下に「えた」「ひにん」という最下層までをも生み出してしまうのである。

いつの世も下々の生活というのは食うや食わずを強いられるのだ。

★米穀経済
現代の世の中は金本位制で通貨がモノの価値を代表している。江戸時代にも貨幣はあったが、まだ米の石高が経済の基準だった。

★農民
年貢を取り立てるためには生産性の高い農民を大切にした。幕府がもっとも評価したのが一町ほどの農地をもつ農民で、一定の面積が常に確保されるように売買などを禁じていた。

鎖国

［キーワード］
朱印船／糸割符仲間／島原の乱／天草四郎／踏み絵／出島／唐人屋敷

輸入モノ好き将軍がいれば7つの海を制していた⁉

戦後はじめて「日本人なら外国製品を買おう」と言った総理大臣がいた。

貿易収支の黒字減らしを狙ってのパフォーマンスだったが、家康も今だったら表彰されるくらいの輸入モノ好き将軍だった。彼はそれまではスペインとポルトガルだけだった貿易相手国をオランダ、イギリス、中国と広げていったのだ。

特にオランダは日本に漂着した船に乗っていた航海長のウィリアム・アダムスを★三浦按針《みうらあんじん》と名乗らせ、西洋貿易の顧問にかかえあげたほどである。

★三浦按針
ウィリアム・アダムスは、実はイギリス人だった。彼は幕府の相談役になったため、三浦半島に領地をもらっている。ここから三浦の名前をとった。

日本の船による東南アジアとの貿易★も奨励した。ただ当時は海賊船が多く、貿易船との区別がつけにくかった。そこで家康は、貿易船に朱印を押した渡航書を持たせている。いわばパスポートのようなものであり、これが朱印船《しゅいんせん》である。

鎖国さえなかったら日本は7つの海を制していたかもしれない。というのは、この時、日本の造船技術と航海術は飛躍的に進歩したからである。

一方、輸入品として人気の高い生糸は商人たちの買い付け競争で値段が高騰しないようにするため、幕府が商人を指定して談合で値段を決めさせていた。これを糸割符仲間《いとわっぷなかま》という。

なぜこれほどまでに輸入に力を入れたのかというと、幕府は御用商人を通じて独占的に買い付けることで、非常に利益を上げられたからだ。

★アジアとの貿易
生糸が一番の輸入品だったが、このほかに獣皮など軍隊に使う物資も手に入れた。しかし輸出する商品が少ないことから銀で支払った。

しかし家康の死後、キリシタンを恐れた幕府は貿易をやめて海外との接触を断ってしまう。ここで日本の造船技術もストップしてしまうのだった。

島国根性は、キリシタンへの恐怖心から生まれた

力によって押さえつけられないもの、それは人の心かもしれない。並み居る大名たちを屈服させた徳川幕府も、民衆の信仰心までは武力によって支配することはできなかったようだ。

そのことがよりいっそうキリスト教を恐れさせたのだろう。秀吉の頃から続いていたキリシタンの弾圧は、徳川政権になってさらに厳しさを増したのである。

特に九州の島原で起きた島原の乱★は幕府を震撼させた。老若男女のキリシタンが迫害の果てに廃城となっていた原城に立てこもり、幕府に楯突いたのである。

★島原の乱
1637年に島原の民衆が起こした一揆で、当時まだ16歳だった天草四郎こと益《ます》田《だ》時貞《ときさだ》が首領にかつがれた。3万7000人の民衆を12万人の大軍で皆殺しにした。

実は島原の乱は、飢え死にさせてまで年貢を取り立てたことへの一揆だったのだ。

たしかに首領となった天草四郎《あまくさしろう》をはじめ、武装蜂起した民衆の多くがキリシタンだったが、なかにはそうでない農民や僧侶も含まれていたという。

年貢を納めて飢え死にするか一揆に加わるか、彼らは選択を迫られたが、結局、乳児から母親まで皆殺しにされてしまった。

徳川政権は自分たちで支配できないキリシタンに恐怖心を持っていたのである。

弾圧によって表面上は転向したように見せる者も出たことから、幕府は「踏み絵★」を考え出した。いわば、隠れキリシタンの探知機である。

そして最後に水際作戦で海外から入ってくるキリシタンを阻止しようとして、貿易船の来航まで禁止した。これが

★踏み絵
キリストの聖画像を足で踏めるかどうかで、キリシタンを発見した。いかにも日本人的な発想である。

「鎖国」である。

日本人の島国根性はここから育つことになるのだ。

そこまでやるか、キリシタン弾圧の呆れた徹底ぶり

かつてコレラにかかるとコロリとすぐ死ぬから、コレラのことをコロリと呼んで恐れていた。伝染病は目に見えないだけにそのパニックも想像がつく。

実は、キリシタンも伝染病のように嫌われていた。まず幕府は長崎港の中に人工の小さな島を作り、ここを★出島《でじま》と称して感染源のように感じているポルトガル人を隔離したのだ。

それでも効果が薄いと思ったのか、今度はポルトガル船の来航自体も禁じてしまい、ポルトガル人も日本から追い出してしまったのだ。喜んだのはおそらくオランダ人や唐人だったに違いない。

★出島
長崎港内に約4000坪ほどの小島を築き、鎖国時代の約200年間、唯一の貿易地となる。

コロリ
コロリ
コロリ

これで日本に根を生やしていた強力な競争相手のポルトガル人がいなくなったからである。

しかしキリシタンに神経質になっていた幕府は、疑いの目を外国人全体に向け始めた。

今度はオランダ人も出島に隔離してしまい、さらに唐人も長崎の郊外の一角に閉じ込めてしまうのだ。これは唐人屋敷と呼ばれた。

それでも貿易は続けられたから、商売を独占できた商人たちにとっては笑いが止まらなかっただろう。

ところが幕府はそれでも満足せず、今度は日本人までも管理しようとした。

農民から武士まで身分を問わず、寺に生年月日から信仰する宗教まで登録させて監視をしたのだ。

いうならば、寺もただの戸籍係のようになってしまったのだ。

幕政の安定

［キーワード］
改易／減封／浪人／文治主義／新井白石／明暦の大火

リストラ幕府を悩ませた数十万人もの失業武士の処遇

徳川幕府は政権を独占できるように、関ヶ原の戦いで敵側だった大名や、命令にそむいた大名を有無を言わせずにどんどんリストラしていった。

これを★改易《かいえき》や減封《げんぽう》といい、3代将軍の家光の頃までに合計218家、1878万石が取りつぶされたり没収されたりした。

そこで一番困ったのは、そこに仕えていた武士たちである。彼らは主人を失い、勤め先がなくなった浪人《ろうにん》となってしまったのだ。

その数がなんと数十万人にも達したというから、当時と

★改易や減封
武士の身分をはく奪する刑罰のことで、減封は所領と城や屋敷の一部を削減し、改易はそれらを没収する。

すれば大変な社会問題である。

失業した武士には不満が募《つの》るし、さらにその力を利用して★徳川政権の転覆を★企てる者まで現れるから、新たな火種を抱え込むことになった。

そこで幕府は、政策を失業者の雇用促進に転換する。それまでの武力中心の武断《ぶだん》主義から法律で国を治め、武士が新たな主人に仕えることができる文治《ぶんち》主義に舵を切り換えるのである。

その文治主義で登場するのが、儒教学者の★新井白石《あらいはくせき》だ。儒教の忠臣愛国《ちゅうしんあいこく》をキーワードにして政治を行おうとしたのである。力よりも学問で武士たちを教育して手なずけようとしたのだ。

敗者復活戦が認められたからよかったようなものの、失業保険のない時代、武士は食わねど高楊枝《たかようじ》というわけにはいかなかったのである。

★徳川政権の転覆
1623年に京都で浪人狩りが行われ、幕府への不満分子を一掃しようとした。しかし、浪人の反乱は続発した。

★企てる者
軍事学者の由井正雪《ゆいしょうせつ》らが2000人の浪人を集めて1651年に倒幕を掲げた。しかし、事前に発覚したことで反乱は起きなかった。

★新井白石
1657年〜1725年。浪人の身から苦労を重ねて学問をした。将軍の補佐役となったが、反対意見に妥協しないことで鬼ともいわれた。

大火の反省から幕府が行った都市計画の内容とは？

大都市では、防災を常に考えておかなければならないのは周知のとおりだ。特に日本の家屋は木造が多いからなおさらである。

灯りも炊事も、全て火に頼っていた江戸時代はとにかく火事が多かった。都市計画もなく、ただ人口が増えるままに膨張していった城下町に一度火が出たら大変だ。

たとえば振り袖火事★と呼ばれる明暦《めいれき》の大火は、震災を除けば史上最大の火事だった。1657年の大火で、3月の風の強い日に起きた惨事だった。

火事は本郷の本妙寺から出火して2日間燃え広がって江戸城の天守閣も焼け落ち、何と江戸の町の3分の2を灰にしてしまったのだ。

死者の数は10万人にものぼったと記録されている。それ

★振り袖火事
本郷の本妙寺で供養のために燃やそうとした振り袖が、風にあおられて舞い上がり火元になったという。

だけに江戸の復興費も莫大で、幕府は蓄財のほとんどを使い果たしてしまったという。

その後、火消しが置かれたり、火事が広がらないよう都市計画もされるようになった。

もっとも、火消しといっても消火活動というシロモノではなかった。延焼をくい止めるために周りの家屋を取り壊すのが仕事だったのだ。

火事を起こさないためには日頃から防災への取り組みが必要だ。そこで登場してくるのが土蔵造りだ。

歴史的な街並みとしてすぐに思い浮かぶのがこの土蔵や、隣の屋根との間に壁のように高く競り合ったうだつ★である。両方とも火事が燃え移らないように工夫された、当時の代表的な建築物である。

ケンカと火事は江戸の華といわれるが、今の東京も防災への備えは十分だろうか。

★うだつ
防火壁として造られたものだが、江戸時代からは財力を誇示する意味が強くなる。そのため、地位や生活などがよくならない、見栄えがしないことを「うだつが上がらない」と言うようになる。

幕府の財政

［キーワード］
吉宗／享保の改革／目安箱／大岡忠相／田沼意次／冥加金／松平定信／棄捐令

政治改革と財政再建に乗り出した吉宗のお手並み

平和な時代が続くと誰もが油断するものだ。徳川幕府も政権が安定してくると江戸の大火などの出費で財政赤字になっているにもかかわらず、借金ばかりして台所事情を真剣に顧みようとはしなくなった。

特に文治主義の政治になって学者の発言権が増すようになると、政治の実権はいつの間にか将軍の手を離れてしまう。しかも学者先生の政治は形式ばかりを重要視して、倹約とか風紀の引き締めは二の次になってしまった。そうなると幕府の綱紀《こうき》は乱れ、財政赤字も解消しない。

政治に関心のない将軍であればそのまま放っておくだろ

うが、危機感を持った人物なら口を挟みたくなる。財政が逼迫《ひっぱく》していればなおさらである。

そこで、この事態に立ち上がった将軍がいる。8代将軍吉宗《よしむね》★だ。彼は綱紀粛正と財政の建て直しを掲げ、幕府が開かれた時のような緊張感を持たせようとした。これが「享保《きょうほ》の改革」である。

このため取り巻きの学者連中をクビにして、再び譜代大名《ふだいだいみょう》を政治の現場に引き戻し、贅沢の禁止を打ち出した。

さらに、庶民の声を直接聞こうと目安箱★を設けて投書を歓迎したり、能力のある人間を積極的に採用した。

時代劇で有名な名奉行、大岡忠相《おおおかただすけ》が登場するのもこの頃である。

世の中の不公平感をなくし、民衆の気持ちを考えた政治を行おうとした吉宗は、名将軍ともいわれる。ただし以前の政策に戻しても、財政の建て直しはおそらく困難を極め

★吉宗
1716年〜1745年。幕府建て直しに成功したので「中興の英主」といわれている。家康の教えを守ることで、再度政権を復興させようとした。

★目安箱
1721年に幕府の評定所の前に投書箱をおいて、民衆からの直訴を認めた。江戸のすみずみまで政治に対する意見を聞こうと、開封は吉宗自身がしたという。

台所が
火の車だって？
八代将軍 徳川吉宗
吉宗公!?

たに違いない。

老中の田沼意次は、ワイロで大失敗

江戸時代は米が経済の中心だったが、農作物は天候に左右されやすい。農業技術が発達しても異常気象には勝てず、農民はたびたび飢饉に見舞われていた。

財政危機の幕府は年貢の取り立てを増やすことで収入増を考えたが、それは農民の反発を買い一揆を起こすだけだった。

この時、老中に就任した田沼意次《たぬまおきつぐ》は、商人たちから冥加金《みょうがきん》を取ることに目をつけた。今でいえば法人税のようなものである。

経済を活発にすればそこに利益が生まれる。それを税金として吸い上げ、新たな財源にしようとしたのである。

田沼意次は商人たちの談合組織である株仲間★を公認して

★株仲間
価格競争になって乱売になるのを防ぐのが目的だったが、品質の安定にも効果があった。江戸、京都、大坂などほとんどの都市にあった。市場が独占されたので産業の発展には悪影響となった。

手なずけた。さらに税収を増やせるように市場を管理統制して、特定の商人に売り上げを上げさせようとまでした。銅や鉄あるいは真鍮《しんちゅう》の売買には「座」を作り、幕府に独占販売権を持たせて売り上げを上げた。

公共事業には豪商の資本を入れて、新田開発なども奨励した。なかでも★印旛沼《いんばぬま》や手賀沼《てがぬま》などの干拓は大規模な事業となった。

まさに〝徳川株式会社〟である。ただ、幕府の収入は増えたものの実権を持つ役人には賄賂攻勢が後を絶たず、政治の腐敗にも結びつく結果となってしまった。

それに追い打ちをかけるように浅間山の噴火や天明の大飢饉など天変地異が世情を不安定にし、結局、田沼意次の財政改革は挫折してしまうのだ。

時の政権自らがバブル経済をつくり出そうとし、結局手痛いしっぺ返しを食らうのは現代の政治にも同じことがい

★印旛沼
資金は江戸や大坂の豪商から出させて、利根川水系の印旛沼を干拓し、新田開発をしようとした。しかし、たび重なる洪水で挫折する。

えそうだ。

松平定信の債権放棄命令に商人ビックリ！

何事も後始末というのは大変だ。残された問題が大きければ大きいほど手の打ちように苦慮するものである。

商業を活発化させ、新たな税収を生もうという幕府のやり方が失敗し、官僚のモラルも地に落ちた時に登場するのが松平定信《まつだいらさだのぶ》である。

11代将軍の家斉《いえなり》の老中として着任すると、規律の引き締めにかかった。彼が掲げたのは享保の改革の再現だった。もう一度、初心に戻ろうというのである。

まず、失脚した田沼意次の残党を一掃することから始め、財政赤字には財源を増やすよりも緊縮財政で対応しようとした。

なかでも商人たちを驚かせたのは棄捐令《きえんれい》★だった。今風に

★棄捐令
6年以上たまった債務は全部放棄させた。さらに、5年以内の債務は金利を引き下げさせて分割払いにさせた。これ以降、商人は借金になかなか応じてくれなくなった。

いえば、商人の債権放棄命令である。収入が乏しい旗本や御家人は借金生活で何とかしのいでおり、これを救済しようとした政策だった。

さらに、仕事もなくぶらついている江戸の貧民に対しては石川島に職業指導所である人足寄場《にんそくよせば》をつくり、社会不安のタネを取り除こうとした。

また、荒廃した農村を離れて仕事を求めてやってきた者には、資金を与えて村に帰し農村の建て直しもさせている。

一見すると弱者救済のように思える政策だが、庶民の生活にも倹約を押しつけ、言論も統制しようとした。ただし、これは強い反感を買ってしまう。

松平定信がやろうとしたことは、おそらく時代錯誤だったのだろう。その証拠に、数年で老中を辞職せざるを得なくなるのだ。過ぎたるは及ばざるがごとし、ということだったのかもしれない。

〝商業都市〟江戸の変わった町作りとは

現在の東京の人口は約1362万人。では、江戸時代はどうだったのか。江戸八百八町★というが、膨張を続けた城下町だけにどの年代で見るかで町数は大幅に変わってくる。それでも18世紀のはじめには江戸の人口は100万人といわれ、世界最大の都市★だったことは間違いがない。

当時、天下の台所といわれた大坂でも35万人、朝廷のある京都でも最盛期の17世紀で40万人だったから、その大きさがわかるというものだ。

その江戸の町づくりで特徴的なのが、職業別に町ができていたことだ。たとえば現在の神田鍛冶《かじ》町などのように、仕事の名前が今でも残っている地区は多い。

また、城下町を一歩出ると宿場町があった。参勤交代で大名が宿泊するのが目的だったが、商業の発達で一般の人

★江戸八百八町
3代将軍家光の頃は300余町だったが、11代将軍の家斉の頃には1678町にもなった。

★世界最大の都市
都市問題は環境問題と密接に結びついているが、当時生活用のゴミはほとんどリサイクルされており、家庭から廃棄されるゴミの量は少なく、世界的にみてもクリーンな都市だった。

たちにも利用されている。

特に東海道など5街道は、参勤交代で大名がよく使うために栄えた。現在の小田原や沼津などはそのいい例である。

門前町という名称は今でもあるが、これは寺社のある町を意味する。江戸時代の最大のレジャーは寺社参拝で、門前町は遊興の設備も整っていたという。奈良や伊勢神宮、長野の善光寺はその代表的なものだった。

もう1つ、町として生まれたのが産業都市である。地域の特産物が生産されるようになると、その中心となる町が発展した。繊維の生産で有名な桐生や足利などがそうだ。

まさしく江戸時代は町ごとに果たす役割が異なっており、それはそれでうまく機能していたのだ。

イワシやサンマが大量に捕れるようになった理由

有名な落語『目黒のサンマ』★は何度聞いても笑えるが、

★『目黒のサンマ』
ある殿様が鷹狩りの帰り、目黒の農家で食べたサンマが忘れられず家臣にサンマを出すよう命じたところ、蒸したりして脂の抜けたパサパサのサンマが出てきた。そこで殿様はひと言、「サンマは目黒にかぎる」と言ったという。

当時の殿様と庶民の生活を描いたものとしても興味深い。

ところで、イワシやサンマといった庶民の魚が大量に捕れるようになってくるのもこの頃からである。

漁獲高が飛躍的に伸びるのは各種の網が開発されたためで、捕まえる魚によって網の種類も使い分けられていた。漁法も大きく進歩していったのだ。

今でも行われている伝統的な地引き網を使っての漁は当時開発されたもので、九十九里浜でのイワシ漁などは代表的な成功例である。

また、西海や南海での捕鯨も発達した。鯨は肉の部分だけでなく全てが利用できたから魅力も高かった。日本人の鯨好きはここから始まったのだろう。

しかし、まさか将来捕鯨が禁止されるとは、江戸時代の人々は思いもしなかったに違いない。

豪商の誕生

［キーワード］
問屋／株仲間／両替商／藩札／蔵元／掛屋／定期航路／一里塚／宿場／関所

江戸商人の悪知恵に市場の独占を幕府も認めた!?

少しでも商品を安く売るために小売店が問屋を通さず、直接製造業から商品を仕入れて販売するのは何も今に始まったことではないが、この製造、問屋、小売という流通の基礎ができたのが江戸時代である。

産業が発達してさまざまな商品を生産できるようになると、複雑な商品の流通に対応するために問屋《★といや》、仲買という販売を仲介する業態が現れ、小売や行商人という業態と分かれた。

さらに商品の値段を有利に決められるように、商人たちは新規に参入する者を締め出す株仲間を結成した。

★問屋
全国から商品が集まってくる江戸や大坂に生まれた。ここから全国の小問屋に商品を出荷した。問屋には委託されて販売する荷受問屋と、商品を買いとって販売する仕入れ問屋とがある。

今でいう同業者組合のようなもので、ここに入らないと商売ができない仕組みを考えたのである。

この株仲間は幕府に対して冥加金★や運上金《うんじょうきん》といった税金を納めることで組合を保護してもらった。

ところで商品の流通はシステム化されてきたが、そこで使われるお金はどうだったのだろうか。

実は幕府が全ての貨幣の鋳造権を持っており、金、銀そして銭という3貨を作っていた。

ただ、関西と関東では貨幣の支払い基準が違っており、大坂では銀建て、関東は金建てだった。このため、金銀どちらかに両替しなければいけなかったこともあって両替商が現れている。店の中には銀行のような規模のところもあったという。

なお藩札《はんさつ》という紙幣も発行されたが、これはその藩の中だけでしか通用しなかった。権力と結びついて江戸の商業

★冥加金と運上金

冥加金は領主の土地で、商売をさせてもらったり、庇護してもらうための謝礼という意味があり、金額は決まっていない。運上金は一定の金額を納付するように命じられた税金。しかし、実際にはどちらも納める必要があったため、同義的に使われるようになった。

は発展してきたのである。

「士農工商」なのに、大名が商人に頭があがらないワケ

商人は「士農工商」の身分社会でみればもっとも最下層にいた。しかし、商業の発達とともにその存在は大名にとって大きな影響力を持つようになっていく。

大名が商売を卑しいものと考えていたから、商売は全て商人たちに代行させていた。このため、彼らは莫大な利益をあげることができたのだ。

江戸時代の商品は蔵物《くらもの》と納屋物《なやもの》、そして輸入品の舶来物《はくらいもの》の3つに分けられる。蔵物とは年貢として納められた物で、納屋物とは農民などが商人を通じて販売するものだ。

このうち大名と結びついた商人たちが利益を上げられたのが蔵物だ。毎年、年貢として農民から徴収した米などの生産物は、全て江戸か大坂の蔵屋敷に送られる。しかし、

それを販売できるのは特定の商人だけなのだ。

この商人が蔵元《くらもと》と掛屋《かけや》である。彼らは年貢などの蔵物を一括で買い上げて販売する権利を持っていた。大名にしてみれば自ら商売に手を染めることなく、すぐに換金できるのだから便利な存在だったのだろう。

蔵元は何をどこにどのぐらい売ったのかという出納と売却を行い、さらに掛屋は売ったお金の管理と送金を受け持った。台所事情が厳しかったため、どの大名も彼らから蔵物を担保に借金をしていたほどで、その結びつきはただの販売代行業以上に強いものがあったようだ。

島国ならではの物流システムとは?

産業が発達するには大量の商品を運べたり、最新の情報をいち早く手に入れることが不可欠だ。

この点日本は島国で、周囲が海に囲まれていることが幸

★蔵元と掛屋
両替商など当時から金融市場で成長した商人は強かった。旗本や御家人に納められる米などを販売代行する商人は、「札さし」と呼ばれた。

いした。船で海上運送ができるからだ。もちろん江戸時代は鎖国の時代だったから、大型船の建造や遠洋航海は禁じられていた。

しかし沿岸を航海するならば問題がなく、産業の発達とともに商船の定期航路がつくられた。

幹線航路は日本の西と東を分けて、東回り航路と西回り航路ができた。米や木材など陸上では運送費と時間がかかるが、海上輸送なら大量に運べて運賃も安く抑さえて消費地に届けることができるのだ。

江戸と大坂間には定期航路ができて、★菱垣廻船《ひがきかいせん》と樽廻船《たるかいせん》の名称で船が運航された。

一方、陸上は参勤交代で東海道などの５街道が交通の中心となった。１里ごとに一里塚が道しるべとして作られ、さらに２里から３里ごとに★宿場を置いた。この宿場に大名は宿泊したわけだが、宿泊施設も幕府の役人用の本陣を筆

★菱垣廻船
商船は天候によって波に大きく揉まれることもあったので、船べりに柵をつけて荷物が落ちないようにした。その形がひし形をしていたためこの名がついた。

★宿場
東海道には京都までに53あり、どの宿場も人夫が１００人、馬が１００頭は用意されていたという。利用した大名の数も１５９家と日本の大動脈だった。

頭に、脇本陣や旅籠《はたご》、木賃宿《きちんやど》とランク分けされていた。

陸上交通ではまた、軍事上や治安の問題から関所が設けられた。ここでは鉄砲の持ち込みがないように監視をしたり、人質として住まわせている大名の妻が許可なく江戸の外に出ないように見張ったという。関所の役人はこれを「入り鉄砲に出女」と呼んで警戒したのである。

ところで、もともと飛脚とは公用の文書をリレー方式で走って運ぶのが主な業務だった。

参勤交代などで大名が利用する宿場には問屋場★と呼ばれるものが置かれ、ここで扱われていた。

その大名の公用文書を江戸と国元の間で運ぶ人のことを大名飛脚というが、このほかに一般の人たちの手紙を運ぶ飛脚もいて、こちらの方は町飛脚と呼んでいた。

電話も電報もない時代だから、いかに早く情報を伝達するかは飛脚に頼るところが大きかったのである。

★問屋場
宿場を運営する重要な機関で、飛脚のほかに、大名などの荷物を次の宿場まで運ぶために周辺の村から必要な馬や人足を用意して取り仕切っていた。

元禄文化

［キーワード］
朱子学／貝原益軒／陽明学／井原西鶴／仮名草子／浮世草子／市川団十郎／近松門左衛門／松尾芭蕉

若者よ、朱子学を学べ！ 礼儀正しい日本人のつくり方

ジャパニーズスマイルとは、外国人が何を考えているのかわからない日本人につけたあだ名である。

感情表現が苦手な日本人は多いが、実はこのルーツをたどっていくと、徳川幕府が武士の教育に使った朱子学《しゅしがく》にたどりつく。儒学《じゅがく》の中でも封建制度を理想とする学問で、主従関係や身分をはっきりとわきまえさせ、礼節を重要視する内容だ。

この朱子学は幕府にとって政権を安定させるためにはもってこいの学問で、お抱え学者の林羅山《はやしらざん》を登用し、家臣の子弟たちの教育にあたらせている。民間では木下順庵《きのしたじゅんあん》など

のすぐれた学者が登場し、文治政治を行った新井白石も彼の門下生だった。

また、健康法の「養生訓《ようじょうくん》」で有名な貝原益軒《かいばらえきけん》も朱子学派の1人である。しかし、主流派には対抗する反主流派が出てくるのが世の常だ。

学者の中にはもっと実践的な内容にすべきだとして、陽明学《めいがく》をとなえる者も出てくる。さらに両方の学問を否定して、儒学の根本である孔子《こうし》の教えに立ち返るべきだとする古学派も現れ、学者同士の論争も激しかったようだ。

これだけ儒学が盛んになると大名も学問をほおっておけなくなり、藩士の教育のために藩校《はんこう》を開設することになる。武士は剣術だけでは通用しなくなったのだ。

道徳教育が叫ばれている昨今だが、江戸時代は封建制度を守るために必要不可欠な学問だったのである。

もっとも、学問を受けていれば武士が突然キレることが

★陽明学
明の王陽明《おうようめい》がまとめたもので、朱子学を観念的なものだとし、もっと実践的であるべきとした。

★藩校
学校の中では岡山藩の閑谷《しずたに》学校が有名。18世紀に入ると全国的に藩校が設置されて教育熱が高まった。ただ藩士の子弟以外には、大名はあまり教育を受けさせようとはしなかった。

なかったのかどうかは定かではない。

歌舞伎に仮名草子――、江戸の大人の遊びは粋だった

だいぶ昔のことになるが、都市生活を楽しむ若者たちを称してシティボーイと呼んでいた時期があった。実は商業が発達した17世紀末から18世紀はじめにかけて、江戸時代も都市生活者である町人の娯楽が花開いていた。

これを元禄《げんろく》文化と総称するが、主役は若者などではなく立派な大人たちだった。

文芸では俳句や小説が盛んになり、なかでも「★仮名草《かなぞう》子《し》」は誰でも読めるように仮名をふった通俗小説で、道徳教育的なものから歌舞伎役者のゴシップまでさまざまな内容のものが発行されている。

たとえば、するどい人間観察で色町や商人の世界を描き、今でも文学的な評価が高い井原西鶴《いはらさいかく》の『好色一代男』

★仮名草子 『可笑記《かしょうき》』『仁勢物語《にせものがたり》』などがある。

（1682年発刊）は浮世草子《うきよぞうし》として庶民に親しまれた。

また、歌舞伎は芸能界の花形だった。今では日本文化の象徴のような存在だが、当時は風紀を乱すとして幕府が上演を禁じたほどである。

ちなみに、この時のアイドルといえば市川団十郎である。今でも芸名は継承され、世代を超えて人気があるのは血筋のせいだろうか。浄瑠璃《じょうるり》も流行り、絵画も町民の風俗を描いたものがトレンドだった。

ところでこのような文芸を支えたのは、大坂や京都の裕福な商人たちだったことは見逃せない。戦国時代の文化は権力者をパトロンとしていたが、江戸時代になるとそれが商人に代わっていくのである。

ちなみに落語でよく耳にする上方《かみがた》とは、この大坂や京都のことを指す言葉である。

文化の担い手は常に時代の主人公たちだ。現代の芸能が

★浮世草子
浮き世とは仏教がもたらす無常観をもちながら現実の世界がもたらす享楽的なことを楽しむことで、遊郭や歌舞伎の世界のこともいう。

若者に占領されているのは、大人たちのパワーがなくなったからなのだろうか。

近松門左衛門や芭蕉の人気は、大坂から火がついた!?

現代文化の情報発信基地といえば東京がダントツだが、元禄文化華やかりし頃は大坂だった。商人の町・大坂といわれるほど裕福な商人層を背景にして大衆文化が発展したのだ。

なかでも人形浄瑠璃は今の映画のようなものだったのかもしれない。人形が演じるさまざまな物語を民衆はかたずをのんで見守ったのである。

そこで優れた台本作家として登場するのが、★近松門左衛門《ちかまつもんざえもん》だ。彼は庶民の生活の中の義理と人情の世界を巧みに描いた。有名なものには『曽根崎心中《そねざきしんじゅう》』などがある。

また、版画で作られる浮世絵《うきよえ》もこの頃から広く大衆に支

★近松門左衛門
武士の子供として生まれた。100編以上の作品を残し、浄瑠璃を芸術の域にまで高めた。

持され始める。芸術の域に達するのはまだしばらく先だが、その可能性はこの時から芽生えていた。

描かれたのは美人画や風俗画まで幅広く、アイドルたちのブロマイドからエロ本まで広く作られたことになる。

一方、芸術性の高いものとしては松尾芭蕉《まつおばしょう》が俳諧《はいかい》を確立する。『奥の細道』★の中の俳句なら誰でも一度は聞いたことがあるはずだ。

わずか五、七、五の17文字で、全てのことを表現する究極の文芸ということができるかもしれない。

浮世絵や俳諧などの文芸作品は大坂で大量に作られ、販売された。それまで朝廷が中心だった文芸の拠点が、大衆に支持されて大坂に移ったことは象徴的なことだ。

しかも娯楽として生まれたものが、やがて芸術性の高いものにまで成長していくとは、まさしく今の世の中と同じだったのだ。

★『奥の細道』
松尾芭蕉が門人1人をともなって江戸から東北、北陸を回り、大垣に至るまでの紀行文。俳諧の聖人ともいわれている。

天保の改革

［キーワード］
天保の大飢饉／大塩平八郎の乱／水野忠邦／上知令／問屋制家内工業／工場制手工業

庶民の味方はスーパー公務員！

天災は忘れた頃にやって来るというが、天候の異変もまた同じである。江戸時代は農業が日本の主要産業だっただけに、凶作はそのまま飢饉につながった。

なかでも1833年に奥羽地方から始まった凶作は、その後全国に広がり1836年まで続き、未曾有の天保《てんぽう》の大《だい》飢饉《ききん》となった。

米の値段はグンと跳ね上がり、食べるもののない農民は飢え死にするのを待つばかりだった。

しかし、幕府には危機管理能力が欠けていた。悲惨な現状は全く顧みないまま、年貢の取り立てだけを行おうとしたのである。

このため農民は一揆を起こし、町民は米屋を襲撃して米蔵を破壊して略奪する打ち壊しが起きた。

あまりの幕府の無能さに腹を立てたのは庶民だけではなかった。幕府の下で働く者たちも同じだった。

大坂では1日170余人もの餓死者が出るのを目の当たりにして、勇気ある行動に出た男がいる。元町奉行所の与力★、大塩平八郎《おおしおへいはちろう》だ。

彼は幕府を批判した檄文を飛ばし、怒れる庶民300人で抗議の反乱を起こした。大砲を撃ち、幕府とつながっている豪商の家を打ち壊した。

この内乱で大坂の40パーセント近くが焼けたというから相当激しいものだったのだろう。しかし大塩平八郎の乱★は半日で鎮圧されてしまう。

暴力に訴え出たとはいえ、まさに庶民の味方のスーパー

★与力
与力とはもともと大名または有力武将に従う下級武士のこと。町与力とは町奉行を助ける職をいう。

★大塩平八郎の乱
1837年に起きた。このあと国学者の生田万《いくたよろず》が大塩の門弟と名乗って反乱を起こすなど、さまざまな影響を及ぼした。

公務員だったのだろう。

理想に燃えたリーダーほど迷惑なものはない⁉

大御所というとその世界の大物を指すことが多い。徳川幕府にも「大御所時代」と呼ばれる政権があった。11代目の家斉は将軍職を家慶に譲ったあと、4年間も大御所として政治の実権を握っていたのだ。時はまさに天保の大飢饉の最中だった。

家斉が権力にしがみついていたのは享楽を満喫するためだった。なんと40人の妾に55人もの子を産ませて、賄賂政治を公然と行っていたのである。

しかし、家慶に実権が移ると幕府は浄化を始めている。その時老中として任についたのが、水野忠邦《みずのただくに》だ。

彼は倹約の励行を掲げ、株仲間の解散を命じた。さらに財政赤字の幕府の収入を増やすために、米の生産性が高い土地に「上知《じょうち》（地）令」を出して幕府のものにしようとした。

また、農民の出稼ぎを禁止する「人返し令」を出して農村を復興させようとしたり、農村の副業を禁じ、印旛沼の干拓を再び行うなどした。

幕府は綱紀がゆるみ政権に危機感を持ってくると、必ずといっていいほど復古主義を繰り返した。町民に対しては風俗の取り締まりを強化し、質素な生活を押しつけることで改革を行おうとしたのである。

そして大名の既得権をなくそうとして反感を買い、失脚してしまうのもこれまでと同じパターンだった。

その忠邦だが、わずか2年でクビを切られてしまう。彼がやろうとしたことは理想に走り過ぎ、かけ声だけで終わってしまった。

政治はいつでもかけ声だけは勇ましいが、ホンネの部分

★上知(地)令
どこがその対象になったかはさまざまな説がある。一説では江戸の周囲10里(1里=3・9キロ)、大坂の周囲5里というのもある。

は変わらないようだ。

改革を成功させた地方大名の3つの共通点

将軍を祭り上げている大所帯の幕府は、改革といっても復古主義が常套手段だった。しかし、藩によっては天保の改革を成功させたところがある。

特に薩摩藩★や長州藩、あるいは土佐藩といった九州や四国地方の大名は自国の行財政改革を実行した。

成功できた共通点は3つある。

1つは商品経済の利益を財政に取り込むことができたことだ。つまり、領土内で生産された物の独占販売権を藩が握ったのである。

もう1つは、新しい考え方をもった優秀な中流以下の武士たちが改革を実行していったことだ。

どの藩も重鎮として構えている者ほど、保守的で型どお

★薩摩藩
債権者に500万両を無利息で250年返済で認めさせるなど、強引な債権処理を行った。

りの考え方しかできないものだ。しかも改革には既得権をなくす内容も含まれるから、門閥や派閥にがんじがらめになっている名門ほど改革を断行するには不向きだったこともある。

そして最後の1つは、海岸警備のために軍事力を整備したことで、幕府からの独立と対抗意識を持ったこともある。

当時、隣国の清はアヘン戦争★でイギリスに破れて植民地化しており、日本にも外国の軍艦が訪れ開国を迫るなど、海防が国家的な問題となっていた。それが九州の諸藩の軍事力増強につながったのである。

こうして改革に成功した藩は、やがて明治維新で倒幕の中心的な存在となっていくのだ。

行財政改革は利害関係のない第三者でないと行えない、という教訓のようでもある。

★アヘン戦争
1839年～1842年。イギリスは意図的にアヘン(麻薬)を清に密輸し、これを禁止しようとした清と戦争して破り、植民地化するきっかけをつくった。

生産品の販売権を握る…
フムフム
地方大名ムック ⑪
改革を成功させるコツ!

カネが世の中を変える。江戸の産業革命で得をした人

資本主義社会に掟があるとするならば、いくら儲けても絶対満足してはならないということだろう。

江戸時代は資本主義の時代ではないが、同じ経済原理で産業革命が起きていた。まず、最初の波が問屋制家内工業《とんやせいかないこうぎょう》である。

どんな商品を作るにしても材料と販売ルートが必要だ。生産者は材料を仕入れて商品を作ると、それを販売代行業である問屋に売って利益を上げていた。

問屋は仕入れた商品を小売店に売ることで儲けるのだが、仕入値が安ければそれだけ儲けも大きくなることに目をつけた。仕入れるだけでなく材料から商品まで独占的に買い占めれば、生産者には材料を提供して加工賃だけでよく、より安く仕入れられることになる。

これが問屋制家内工業である。それまでの生産者は労働者になってしまい、カネをもっている豪商や農村では地主がさらに優位に立つ結果となった。

だが、資本家はこれで満足することがなかった。もっと生産性をあげて商品をより安く大量に作り出すことを考え始めるのだ。そうなると生産過程を家内から分離し、専門の作業場で生産を管理したほうがよほど効率的だ。

18世紀末から19世紀にかけて大坂周辺では綿織業、北関東の桐生などでは★機織《はたお》り業がこのスタイルを取り出した。★工場制手工業に発展したのである。ここにはもはや、世襲制で職業を継ぐ封建主義では通用しないシステムが動き始めていたのだ。カネの力は恐るべしといったところである。

ところで、これだけさまざまな製品が作られ始めると、国産だけでは満足できなくなる。さらにもっと売れるものを考えれば海外製品も視野に入ってくる。

★機織り業
絹製品を作るためには養蚕に不可欠な桑が必要だが、これは関東地方で作られるなど分業化も進んだ。

★工場制手工業
絹織物や藍染めに使う藍玉、紙、ろうそくなどふだん使うものが主に対象になった。

実は封建体制を揺るがしたものは、生産システムの確立だけでなく貿易にもあった。いうまでもなくこの時代は厳しい鎖国の時代だ。そうなると密貿易に頼るしか方法がないことになる。

だが、交易ができないスペインやポルトガルといった西洋諸国との関係はリスクが大き過ぎる。

そこで目をつけたのが、ロシアとの交易だ。幕府の老中である田沼意次も北海道でロシアとの貿易を検討したほどだ。高田屋嘉兵衛《たかだやかへえ》は北海道に乗り込み漁場を開拓した人物だが、一説によるとロシアとの貿易を行っていたともいわれている。

資本家の飽くなき富の追求が生産革命を起こし、次いで海外貿易の欲求を高めていったのだ。

当時の起業家たちは、気持ちの上では無国籍企業に近かったのかもしれない。

江戸文化と学問

［キーワード］
滝沢馬琴／十返舎一九／小林一茶／歌麿／写楽／北斎／広重／寺子屋／本居宣長／尊皇攘夷論

『八犬伝』や『膝栗毛』が庶民の間でベストセラーに

経済の中枢を握っている場所が文化をつくるのは今も同じこと。江戸時代も18世紀後半になると、それまで上方で育っていた文化が江戸を中心に発展し始める。

それも裕福な商人たちをスポンサーにしたものではなく、農民までが楽しめる娯楽として普及するのだ。

幕府が風紀を引き締めれば表面上は質素になるが、その裏側は粋や通といった新しい美学に満ち、放漫になればすべてが華美になった。

文芸の世界では元禄の文化に生まれた浮世草子や枕草子《まくらのそうし》などが★読本《よみほん》や滑稽本《こっけいぼん》、あるいは洒落本《しゃれぼん》の形に進化する。

★読本や滑稽本
読本は口絵や挿絵より文章が主体のもので、滝沢馬琴や山東京伝などが代表的な作家。滑稽本は庶民の生活や風俗を会話文を主体にした笑いを誘うもの。十返舎一九や式亭三馬などが有名。

読本には今でもファンが多いといわれる滝沢馬琴《たきざわばきん》の『南総里見八犬伝《なんそうさとみはっけんでん》』など、伝説や歴史を題材にした冒険小説が登場する。滑稽本では、十返舎一九《じっぺんしゃいっく》の『東海道中膝栗毛《★とうかいどうちゅうひざくりげ》』などが有名だ。

また洒落本では、遊郭を題材にしたいわばエロ本もはやった。

恋愛小説でもある人情本は、寛政の改革で弾圧の対象になった洒落本が形を変えて書かれたものだ。

江戸時代は寛政の改革や天保の改革など、風紀の引き締めがあるたびに文芸や絵が弾圧の対象となった。

一方、俳諧では小林一茶《★こばやしいっさ》が活躍している。一茶の俳句は農村生活に密着したものが多く、農民の心の機微を巧みに表した。

だが大衆芸術が花開く当時は川柳《せんりゅう》や狂歌《きょうか》といった社会を風刺した歌の方に人気があったようだ。

★『東海道中膝栗毛』
ヤジさんキタさんが織りなす東海道の珍道中が書かれている。

★小林一茶
15歳で江戸に出て俳諧を学び、30歳から7年間遍歴の旅に出る。郷里に51歳で帰るが、妻と子供を相次いで亡くし、家は大火で焼失してしまうという不運な人生を送った。

弾圧と民衆の文化というと暗いイメージがあるが、江戸の文芸は開放的で人間的な明るさがあったのだ。

写楽、北斎、広重の浮世絵がゴッホに影響を与えた!?

芸術の秋ともなればそこかしこで西洋の画家の作品がうやうやしく展示される。絵画は日本のものより西洋のものに人気があるようだ。

ところで、江戸時代後半に生まれた日本のアートには、★西洋の芸術家に多大な影響を与えたものがある。浮世絵である。

浮世絵は18世紀の中頃、錦絵《にしきえ》として多色刷りの版画としてはじめて登場する。これに目をつけたのが喜多川歌麿《きたがわうたまろ》や東州斎写楽《とうしゅうさいしゃらく》だ。歌麿と写楽はともに「大首絵《おおくびえ》」と呼ばれる美人画を得意とした。

浮世絵は版画なので同じものを何枚も刷ることができる。

★西洋の芸術家
印象派の画家として有名なゴッホやゴヤは浮世絵から大きな影響を受けた。

だから庶民も気軽に手に入れることができて高い人気を誇った。今でいえばアイドルや人気俳優の写真集のようなものだったのかもしれない。

しかし、あろうことかここにも幕府の弾圧が始まり、19世紀にはこれが風景版画に形を変えていく。

ここで登場するのが、★葛飾北斎《かつしかほくさい》や歌川《うたがわ》（安藤）広重《ひろしげ》である。北斎の『富岳《ふがく》三十六景』はダイナミックで奇抜な構図を駆使して有名だ。

また、絵画の世界でも文人画や写生画が生まれてくる。わずかながら西洋からもたらされる絵画から刺激を受けて、表現方法として遠近法がはじめて登場するのだ。

なかでも平賀源内《ひらがげんない》は、そうした西洋の画法をそのまま取り入れて『西洋婦人図』を描いている。

たしかに国家にとって経済力は不可欠だが、優れた文化もまた重要である。

★葛飾北斎
天才は奇行を好むというが、90歳という長寿のほとんどを浮世絵の創造に費やした北斎は、生涯で93回も引っ越しをしてペンネーム(号)を30回も変えている。幕府の弾圧から逃げていたという説もある。

江戸時代は鎖国こそしていたものの、おそらく世界に誇れる日本だったに違いない。

世界でもトップクラスの寺子屋の意外な教育水準

今の日本はお受験で私立の学校をめざすのが1つのステイタスになっているが、実は江戸時代の庶民の学校は全て私立だった。

寺子屋が当時の学校で、そこでは読み書きやソロバンを教えていたのである。

先生は僧侶や武士あるいは医師で、生徒の親たちから月謝をもらって生計の足しにしていた。

18世紀後半のヨーロッパと比べると非常に教育水準★が高く、国民の識字率は世界でトップクラスだったと伝える歴史書もある。今も昔も日本人は教育熱心だったのだ。

また、若者を団体生活させることで大人としての準備を

★教育水準
16世紀に来日したフランシスコ・ザビエルは本国への書簡で、日本はヨーロッパよりも教育が進んでいると書き送っている。

させる若衆宿《わかしゅやど》や娘宿《むすめやど》もこの頃から始まっている。社会がシステムとして教育を担うようになったのだ。

また宗教も盛んとなり、それまで権力と結びついていた宗教ではなく、庶民の立場に立った天理教や金光教など、新興宗教も登場して信者を増やした。

宗教は娯楽としても庶民と結びついており、伊勢神宮を詣でる★御蔭参り《おかげまい》りは日常生活から離れられるものとして庶民の間で人気があった。

各藩も教育熱が高く、それまで藩士の子供を対象にしていた藩校以外に庶民も学問ができるような郷校《きょうこう》や私塾も開設されている。人づくりが国づくりだったのだ。

〝日本人論〟好きが生んだ「尊皇攘夷」ってナニ？

世界各国には、それぞれ自国論がある。歴史や文化を振り返り、自分たちはどういう民族なのかを考えたものだ。

★御蔭参り
伊勢神宮の遷宮のあった翌年に参詣すること。

なかでも日本人ほど〝日本人論〟が好きな民族はいないといわれている。今でもこの種の本はベストセラーになることが多いようだ。

実は日本人の心のルーツを探る研究は、江戸時代も熱心に行われていた。なかでも国学は江戸時代に発展した。

本居宣長《もとおりのりなが》は『古事記』や『源氏物語』といった古典の文学作品を研究し、国学とはどういうものかということを明らかにした。

そこで彼が唱えたのは、日本人の本来の姿は素直な心にある、ということだった。あるがままに感動し、表現するということだ。

当時は海外から入ってきた儒学思想が社会のルールとなっていたから、素直な心という視点は新鮮だったに違いない。

本居宣長は国学の第一人者となり、その後を平田篤胤《ひらたあつたね》が引き継ぐように研究を進め、国学をもとに復古神道を思想として発展させ、訴えるようになる。

彼の場合は、さらに日本人の心のルーツを天皇に求めた尊皇論《そんのうろん》を説いた。これは幕府の力が弱まると攘夷論《じょういろん》と結びつき、尊皇攘夷論として1つの思想となっていく。

それは倒幕の志士たちの合い言葉でもあり、時代を変える力を持つようになるのだった。

また水戸学《みとがく》と呼ばれる学者たちは、尊皇攘夷の考え方をさらに研究を進め、思想の基盤をつくった。

古きをたずねて新しきを知るというが、いつの時代も心のルーツを求める研究が盛んに行われたのである。

★攘夷論
外国との貿易や接触を禁止する鎖国賛成論で、開国論をとなえる者たちの反対勢力となった。

★水戸学
日本の歴史本『大日本史』を作るために、編纂にあたった学者たちの学派。神道や国学思想の影響も受けた。

7時間目

幕末維新

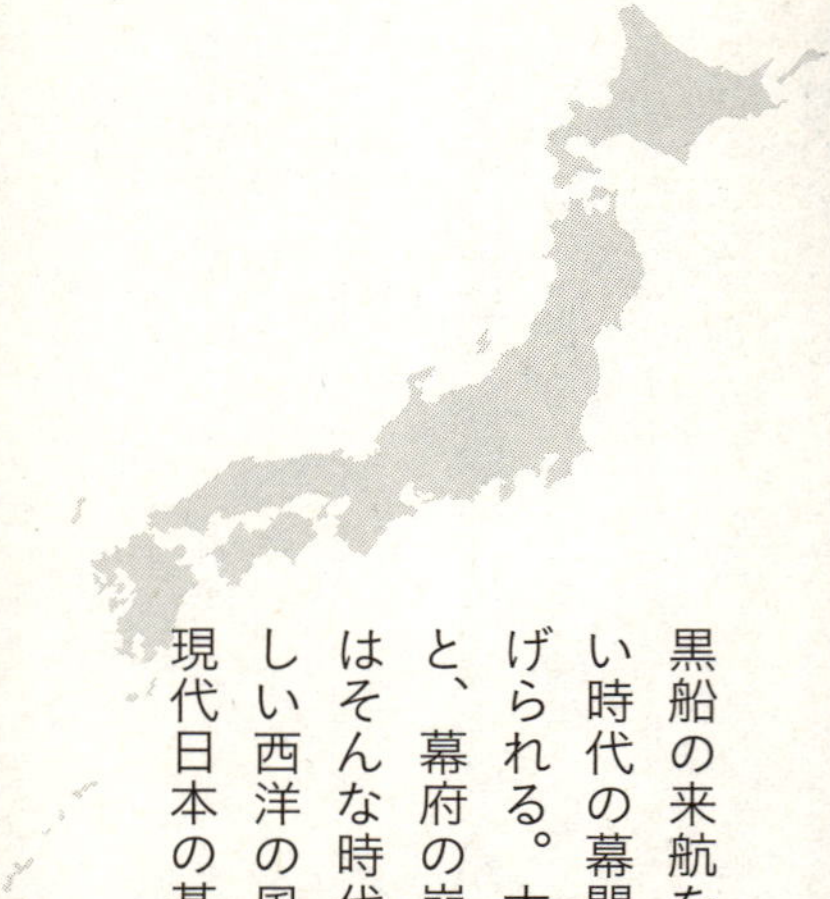

黒船の来航を機に日本に開国の機運が高まり、新しい時代の幕開けにふさわしい壮絶なドラマが繰り広げられる。大政奉還から安政の大獄、桜田門外の変と、幕府の崩壊や幾度の事件が相次いでいる。庶民はそんな時代の変わり目にとまどったが、一方で新しい西洋の風に酔いしれた。この短く、熱い時代に現代日本の基礎が築かれた。

開国

［キーワード］
ペリー来航／薪水給与令／日米和親条約／日米修好通商条約／井伊直弼／安政の大獄／桜田門外の変

ペリーの来航が島国根性に歯止めをかけた!?

2世紀にわたって1度も大国の支配下に置かれることがなかった国というのは、世界でも例をみない。まさしく鎖国のなせるワザだが、しかしこの時の鎖国がニッポン人の閉鎖的でせこせこした島国根性を生み出したのかもしれない。

日本は同じように鎖国していた隣国の清《しん》がアヘン戦争によってイギリスに屈服させられた時でさえも鎖国をやめようとはしなかった。

幕府は異国船打払令《いこくせんうちはらいれい》を規制緩和し、薪水給与令《しんすいきゅうよれい》を出して漂着した外国船に燃料や水、食物などを与えて退去させるようにしただけだ。清の二の舞にならないよう、いくらオランダが親切心で開国を勧めても幕府は一切拒否したのだった。ところが、列強が島国ニッポンにただ手をこまねいているはずはない。最初にその扉をこじ開けたのはアメリカ人だった。

1853年6月、アメリカの東インド会社艦隊司令長官ペリー★は、黒くて巨大な軍艦2隻を含む計4隻の船を率いて浦賀沖《★うらがおき》に現れ、開国と通商を求めるアメリカ大統領フィルモアの国書を幕府の役人に手渡したのである。

当時、いかに黒船《くろふね》の来航が人々を脅かしたかは、「泰平《★たいへい》の眠りをさます上喜撰《じょうきせん》（蒸気船）たった4杯で夜もねむれず」という句からも容易に想像することができる。

それから数カ月後、ロシアの使節プチャーチンも4隻の船を率いて開国を求めに長崎へとやって来た。そして翌年1月にはペリーが再び姿を現し、強硬な態度に遂に日本は

★ペリー
1794～1858。ペリー来航以前にすでに1844年にフランス、翌年にイギリスの船が琉球に、1846年にはアメリカの使節ビッドルが浦賀に来航して通商を求めている。

★浦賀沖
江戸湾の入口で、現在の神奈川県横須賀市南東部の沖。

★泰平の眠りをさます上喜撰（蒸気船）
上喜撰とは高級なお茶のことで、たった4杯のお茶を飲んだだけで夜も眠れないことと、たった4隻の船で夜も眠れないことをかけた。

降参、日米和親条約を結んだのだった。

結局その後、イギリス、ロシア、オランダともほぼ同じような和親条約を結んで、長い鎖国政策は幕を閉じたわけだが、現代に限らず日本は前々から外圧によって変わっていく国だったのだ。

欧米各国と結んでしまった、不平等な条約の中身

欧米人には未だにコンプレックスを抱き続ける日本人。さらになかなかノーと言えない優柔不断さは、昔からの専売特許なのかもしれない。

日米和親条約が締結されてから2年後、下田にアメリカの総領事ハリスが着任した。彼の役目はただ1つ、日本を自由貿易に踏み切らせて通商条約を結ぶことだった。

しかし幕府は、この期に及んでもこれ以上外国と関係を深めたいとは思わなかった。では、はっきり断ったのかと

★日米和親条約
条約では水・食料・燃料を補給するために下田と函館の2港を開港する、難波船や漂流民を救助する、下田に領事を駐在させる、アメリカよりも有利な条件で日本がほかの国と条約を結んだ時、その条件が自動的にアメリカにも認められる、という最恵国待遇を与えることなどが約束された。

★ハリス
1804〜1878。アメリカの初代総領事。著書に『日本滞在記』がある。

いえばそうもせず、交渉の引き延ばしだけを考えていたのである。

今の政府が得意とする結論の先延ばし策と同じだが、ペリー同様、ハリスも強引で結局、徳川幕府は調印に踏み切らざるを得ない状況に落とし込まれた。

そこで条約締結の意向を大名たちに示したところ、幕府の血筋でありながら天皇を崇拝していた尾張《おわり》藩の徳川慶勝《とくがわよしかつ》などが朝廷に勅許《ちょっきょ》（朝廷の許可）を求めるよう主張。★老中《ろうじゅう》首座の掘田正睦《ほったまさよし》が京都に赴き勅許を求めたが、孝明《こうめい》天皇自らが調印に反対したため勅許を得ることはできなかった。

にもかかわらず、なんと時の★大老《たいろう》井伊直弼《いいなおすけ》は1858年6月、★日米修好通商条約《にちべいしゅうこうつうしょうじょうやく》に調印してしまったのだ。が、この条約、中身はお粗末極まりないものだった。

関税自主権を放棄し、治外法権を認めるなど、日本にとって不平等条約以外の何ものでもなかったのだ。

★老中
幕政全般を管掌する最高官。4、5名いて交代で政務をとった。

★大老
臨時の最高職。重要政策の決定のみにあたった。

★日米修好通商条約
下田と函館以外に神奈川、長崎、新潟、兵庫の開港、日米両国民の自由な通商、アメリカ人の犯罪については日本側で裁判が行えないなど全14条からなる。

ところが驚くことに、幕府はアメリカに引き続きオランダ、ロシア、イギリス、フランスとも同様の条約を★結んでしまったのである。こうして通商条約に基づいて1859年から正式に★貿易が開始され、その結果、大量の金貨が国外に持ち出されるなど経済は混乱をきたした。

庶民の生活を脅かすのは、どの時代もトップの判断の甘さによるところが大きいといえるだろう。

10歳の将軍を誕生させた大老・井伊直弼のやりたい放題

いつの時代もお世継ぎ問題は権力争いを抜きにしては語れないが、この時も例外ではなかった。

ペリー来航後すぐに将軍徳川家慶《いえよし》が亡くなり、次の第13代将軍に息子の家定《いえさだ》が就任した。しかし、家定は心身に障害があり子供もいなかったため、将軍の継嗣《けいし》問題が浮上してきたのである。

★結んでしまったのである
これを「安政の五カ国条約」という。

★貿易が開始
当時の主な輸出品は生糸、茶、蚕卵紙《さんらんし》、海産物で、海外からは毛織物、綿織物、武器、艦船などが輸入された。貿易は急激な物価上昇をもたらし、また特に日本では金と銀の交換比率が低かったため、大量の金が流出した。

これまで将軍の後継者は血縁によって決定され、血縁以外は許されなかった。そのためまず、家定のいとこの慶福《★よしとみ》が後継者候補に挙がったのだ。

しかし彼はまだ10歳の子供である。そうしたところへ、水戸藩・徳川斉昭《なりあき》の子で徳川御三卿《ごさんきょう》の一橋家の養子となった慶喜《よしのぶ》が候補としてにわかに脚光を浴びるようになった。慶福を擁立するのが南紀派《★なんき》、対して慶喜を擁立するのが一橋派《★》で、両者の対立は日増しに強くなっていった。

結局、南紀派の井伊直弼が一橋派の反対を押し切って慶福を後継者に定めたのである。

と、ここまではよかったが、さらに井伊直弼は一橋派が自分を詰問するために勝手に城へ入り込んできたことを取り上げ、不時登城《ふじとうじょう》の罪で処分してしまったのだ。

井伊直弼といえば条約の締結の時といい、今回の一橋派の処分といい勝手な行動ばかりが目立つ御仁《ごじん》だ。そこで怒

★慶福
紀州藩主徳川斉順の子。のちの家茂《いえもち》。

★南紀派
南紀派といわれたのは慶福が紀伊藩主だから。

★一橋派
越前藩主・松平慶永《よしなが》や慶喜の父・徳川斉昭、薩摩藩主・島津《しまづ》斉彬《なりあきら》らを中心とした。

った朝廷は、密かに水戸藩に井伊失脚命令を下した。

当時、朝廷が幕府の許可を得ずして諸藩に直接勅命《ちょくめい》を下すことは許されなかったが、そこまでしてでも朝廷はにっくき井伊直弼を陥れたかったわけだ。

もちろんこの時は、朝廷がまさかそこまで考えていたとは井伊直弼自身、知る由もなかった。

桜田門外の変は、たった3分の出来事だった

「ここだけの話」と耳打ちされる話ほど、あっという間に知れ渡っているものである。ましてやマル秘資料ともなれば、その中身を覗き見してみたいというのが人間の心情だ。

大老井伊直弼の勝手な行動に業を煮やした朝廷は、水戸藩に密かに井伊直弼の失脚命令を下したが、いつの間にか本人の耳にも伝わっていた。逆ギレした井伊は、今度は自分に反対する勢力の一斉弾圧をスタートさせたのである。

そして、井伊派の老中間部詮勝《まなべあきかつ》の暗殺を計画していた吉《よし》田松陰《だしょういん》や、継嗣問題の際に井伊の妨害をした橋本左内《はしもとさない》を処刑、前水戸藩主の徳川斉昭を謹慎するなど公家や地方志士など100名近くの人間を次々に処罰していった。これが安政《あんせい》の大獄《たいごく》である。

当然、井伊直弼は反対派からさらなる反感を買うことになり、遂にあの事件が起きた。1860年3月3日、上巳《じょうし》節句のその日、井伊は節句の儀式に出席するために江戸城へ向かっていた。そして午前8時過ぎ、もうすぐ桜田門というところで武士の一団★に襲われたのである。

一団は水戸藩浪士17名、薩摩《さつま》藩浪士1名★の計18名で、井伊直弼はわずか3分で首を取られてしまった。

こうして独裁者は歴史の定石どおり暗殺によって最後を遂げたが、この桜田門外の変によって幕府はにわかに、そして着実に崩壊の途をたどり始めるのである。

★武士の一団
襲撃した武士のうち闘死した者1名、深手を負って自刃した者4名、自首した者8名(うち傷がもとで病死した者3名)、逃走した者5名(うち自刃した者1名)だった。

★薩摩藩浪士1名
有村次左衛門《ありむらじざえもん》のことで、彼が井伊直弼の首を取った。

大政奉還

［キーワード］
公武合体／生麦事件／薩英戦争／新撰組／薩長同盟／徳川慶喜／王政復古の大号令／西郷隆盛／坂本龍馬

唯一の道は公武合体。政略結婚で幕府は救われる？

政略結婚といわないまでも、現代でもそれに似たようなことは行われている。家と家との婚姻だった昔はなおさら私利私欲に駆られた結婚は多く、朝廷と幕府とて例外ではなかった。

大老井伊直弼の暗殺後、幕府の体制はガタガタに傾いていった。そこで、井伊の後を受けた老中安藤信正《★あんどうのぶまさ》は、体制建て直しの苦肉の策として公武合体《こうぶがったい》の政策をとることにした。

公武合体とは、朝廷の権威を借りて徳川幕府の権力を補強するというもので、もはや朝廷にすがるしか術がなかっ

★安藤信正
1819〜1871。磐城平藩主。公武合体を推進したが、水戸脱藩士6名に襲われ失脚。

たということだ。

そして行われたのが孝明天皇の妹、★和宮《かずのみや》と将軍徳川家茂《いえもち》の結婚である。これは政略結婚以外の何ものでもないが、なぜ孝明天皇はこの結婚に同意したのだろうか。

孝明天皇は終始、貿易や開国を迫ってくる外国を打ち払うべきという攘夷《じょうい》を主張していた。

しかし討幕《とうばく》には反対で、むしろ朝廷と幕府が一緒になって攘夷を行うべきだと考えていたのである。そのため、妹の降嫁《こうか》を許可したようだ。

ところが、降嫁の条件として挙げていた幕府による攘夷が実現されなかったため、★尊皇《そんのう》攘夷派の水戸脱藩士6名が安藤信正を江戸城の★坂下門外《さかしたもんがい》で襲撃、失脚させたのである。1862年1月、婚儀の1カ月前のことだった。

こうしたなか、薩摩藩の★島津久光《しまづひさみつ》は朝廷と幕府に働きかけて公武合体運動を推し進め、江戸に出向いて公武合体の

★和宮
1846～1877。有栖川宮《ありすがわのみや》熾仁《たるひと》親王と婚約したが破約。その後、将軍家茂に降嫁した。のちの江戸城無血開城にも尽力した。

★尊皇攘夷
朝廷主導の政治を行い、貿易や開国を迫る外国を打ち払おうという思想。

★坂下門外で襲撃
これを「坂下門外の変」という。

★島津久光
1817～1887。薩摩藩主忠義の父。

立場から幕政の改革を求めたのである。

ところが、各地の尊皇攘夷派は早とちりして、島津久光の行動を討幕行動と受け止めてしまったのだ。

そして1862年4月、薩摩藩の尊皇攘夷派の志士たちは京都・伏見《ふしみ》の船宿、寺田屋に集結し、島津久光を倒す策を練った。が、そこへ島津久光が派遣した奈良原喜八郎《ならはらきはちろう》らが襲撃をかけ、尊皇派を粛正したのである。これが寺田屋事件である。

幕府は島津久光の意向を汲み、一橋慶喜《ひとつばしよしのぶ》（徳川慶喜）を将軍後見職に、そして松平慶永《まつだいらよしなが》を政事総裁職に任命し、京都に京都守護職を新設、参勤交代《さんきんこうたい》制の緩和など改革を行ったのである。

今でも大企業の社長の子供同士の結婚が話題になることがあるが、取引の駆け引きの材料に利用される新郎新婦こそいい迷惑である。

合体
武
公

イギリスに急接近する薩摩藩の魂胆

世の中、ふとしたきっかけで災難が降りかかることもあれば、ほんのささいなことが大事件を引き起こすこともある。島津久光が起こした事件は寺田屋事件だけではなかったのだ。

1962年8月、江戸から薩摩へ向かっていた島津久光率いる薩摩藩の行列は、東海道の生麦《なまむぎ》（現在の横浜市内）で4人のイギリス人とバッタリ出会う。その時、習慣の違いからかイギリス人たちは馬を降りようとはしなかった。

ここでぐっと我慢すればいいものを、無礼だとして藩士の1人がイギリス人を刀で斬りつけてしまったのだ。

死者1人を出す惨事★となったこの生麦事件が、のちの薩《さつ》英《えい》戦争の引き金となったのである。

イギリスは幕府と薩摩藩に犯人逮捕と引き渡し、賠償金

★惨事
これ以前にもアメリカ公使館の通訳ヒュースケンが殺されているほか、品川に建築中のイギリス公使館が高杉晋作《たかすぎしんさく》らによって全焼している。

の支払いを別個に請求してきた。これに対し幕府は賠償金を支払ったが、薩摩藩は拒否したのである。

怒ったイギリスは1863年7月、軍艦7隻を鹿児島沖へ派遣し湾を封鎖、薩摩藩に要求を認めさせようとした。ところが、薩摩藩が強硬な態度をみせたためイギリスは遂に砲撃、薩英戦争が勃発し激しい交戦★が繰り広げられたのである。

結局イギリス側は死者13名、負傷者50余名を出し、薩摩藩側は城下町、船舶6隻を焼き、死者13名を出した。

ところがこの交戦、殺された側が犯人側に少しでも誠意をみせてほしかったためにしかけた交戦のように思えるが、実は新兵器★の実演だったというのだ。

実際イギリス議会は、イギリス海軍が新兵器を使って無差別報復したと批判している。が、やられた薩摩藩も新兵器の威力を知り、幕府に借金をして賠償金を支払うことに

★激しい交戦
交戦はわずか1日で終了した。国家と国家の戦争ではないため、領土を受け渡すというようなことはなかった。

★新兵器
イギリスがこの時使ったのはアームストロング砲で、日本名では後装式施条砲と呼ばれる。先の尖った長細い弾丸を後ろから詰めることからこの名がついた。砲身の内側で砲弾が回転し、これまでの砲弾に比べ射程距離や速度などが飛躍的に増大した。不発弾が1982年鹿児島市内で発見されている。

したのだ。そればかりか、イギリスに軍艦の購入まで依頼しているのだ。

この件で薩摩藩とイギリスは急接近し、薩摩藩は軍艦や武器などを次々と手にしていったのである。実は薩摩藩が次に狙っていたのは、幕府だったのだ。

敵対にあったはずのイギリスが今度は味方になるとは、薩摩藩はまさしく強運の持ち主といえる。

全てを敵に回した長州藩が最後に組んだ相手とは

現代においてもなお、その圧倒的な戦闘力が語り継がれている集団といえば、★新撰組《しんせんぐみ》を置いてほかにはないだろう。なかでも特に池田屋事件は、新撰組を歴史の表舞台にまつり上げた重要な戦いだった。

薩英戦争以後、日本も徐々に本格的な開国へ向けて動き出したが、朝廷は依然として尊皇攘夷派に守られ動こうと

★新撰組
京都に投入された幕府の武闘集団。近藤勇、土方歳三、沖田総司らがいる。

はしなかった。そこで開国派の薩摩藩と会津《あいづ》藩は公武合体派の公卿《くぎょう》と協力し、まんまと朝廷から長州《ちょうしゅう》藩士や★三条実美《さんじょうさねとみ》ら尊皇攘夷派を追放してしまったのである。

1864年、長州藩をはじめ怒った尊皇攘夷派たちは京都の旅館、池田屋に集合。開国派打倒の策略を練っていたところへ近藤勇《こんどういさみ》ら新撰組7人が急襲したのだ。

これだけの少ない人数にもかかわらず、新撰組は圧倒的な力で勝利をおさめたのである。

その後、長州藩は京都での勢力を回復するために京に攻め上り、薩摩藩、会津藩、桑名《くわな》藩と戦ったが敗北。戦いの激戦地となったのが京都蛤御門《きょうとはまぐりもん》であったことから、これを「蛤御門の変」という。

長州藩はさらに追い打ちをかけられる。長州藩は1年ほど前から外国船を砲撃するという攘夷運動を行っていた。しかしこれに対してイギリス、フランス、アメリカ、オラ

★三条実美
1837～1891。公卿、政治家。尊攘派として長州藩と結んでいた。明治18年には内大臣となっている。

ンダの4国連合隊が下関の砲台を攻撃★したのだ。

海から攻撃されているところへ今度は陸から幕府と諸藩が長州藩へ攻め入るという知らせを受け、藩は混乱をきたす。藩の実権は一時、幕府への服従を主張した保守派が握ったが、結局、討幕派の高杉晋作や桂《かつら》小《こ》五《ご》郎《ろう》らが実権を奪い返した。

そして、幕府からの攻撃に備えるために薩摩藩と連携することを決め、めでたく薩長《さつちょう》同盟が結ばれたのである。

ちなみに幕府はフランスと提携し軍事力を強化、薩摩藩はイギリスによって軍備の充実を図るのに懸命だった。

あれほど外国との接触を嫌っていたのがうそのようにどこも外国を頼りにしたのである。

「ええじゃないか」が700年にわたる武家政治に幕？

革命や改革は人を不安に陥れるが、それを断行する勇気

★攻撃した
これを四国艦隊下関砲撃事件という。

と決断力がなければ何も変えられない。

薩長同盟が締結されてから数カ月後、幕府は降伏条件を守らないとして長州征伐を決定、戦闘が始まった。

ところが、薩長同盟を結んでいたため薩摩藩は幕府の出兵命令に応じず、ほかの多くの藩も消極的だった。しかも長州藩は、薩摩藩の援助によりイギリス仕込みの戦法と最新鋭の武器を持っていたのである。これでは幕府も勝てるはずがない。

各地での敗戦報告が幕府に相次ぐなか、将軍家茂《いえもち》が21歳の若さで死亡する。ここぞとばかり家茂の死を理由に幕府は長州征伐を中止、幕長戦争は幕府の敗北で終始符を打ったのだった。

そして最後の将軍、徳川慶喜が誕生する。慶喜は幕府の権威回復に尽力したが、しかし世は混乱をきたし、各地で農民一揆や打ち壊しが起こった。1867年には東海地方や京坂地方一帯で「★ええじゃないか」と唱えて乱舞する事件が起こったほどだ。

そこで、国内の改革を強く感じた土佐藩の★坂本龍馬《さかもとりょうま》や★後《ご》藤象二郎《とうしょうじろう》らは、今こそ諸大名や藩士、そして徳川一族が天皇のもとに力を合わせて1つになるべきだと前土佐藩主の山内豊信《やまのうちとよしげ》に説いたのである。

そしてそれを聞いた山内は、慶喜に政権を朝廷に返上するよう進言した。

そして1867年10月14日、慶喜は朝廷に大政奉還《たいせいほうかん》を申し出た。

ところが、なんと奇しくも同じ日（一説には1日違い）、かねてから討幕を企てようとしていた薩摩藩と長州藩に朝廷から討幕の密勅が下ったのである。

結局、朝廷が政事を担当することで一件落着、摂生《せっしょう》、関《かん》白《ぱく》、征夷大将軍《せいいたいしょうぐん》が廃止され、朝廷内に★総裁《そうさい》、議定《ぎじょう》、参与《さんよ》を

★ええじゃないか
伊勢神宮のお札が降ったといううわさが流れると、尾張や三河、大坂、京都などで老若男女が顔におしろいや墨を塗り「ええじゃないか」と踊り狂い、伊勢神宮へ参詣に出かけたという。これは世直しを求める庶民の不満と期待を表したもの。

★坂本龍馬
1835～1867。土佐脱藩士。長崎に亀山社中という商社、のちの海援隊を設立する。

★後藤象二郎
1838～1897。土佐藩の上士の家に生まれる。近代産業の研究を行う開成館という機関を設立する。また貿易機関として長崎に土佐商会を設置している。

設けることを宣言した王政復古《おうせいふっこ》の大号令《だいごうれい》が出された。

こうして700年にわたる武家政治は幕を降ろしたのである。歴史が大きく変革する瞬間は、意外にあっけないものだ。

さすがは龍馬！　ケンカの仲裁で歴史を動かした!!

幕末維新と聞いて真っ先に挙がる名といえば、西郷隆盛《さいごうたかもり》と坂本龍馬ではないだろうか。西郷隆盛は薩摩藩、坂本龍馬は土佐藩出身で、長州藩の高杉晋作とともに討幕派運動の中心人物だった。

西郷隆盛は幕末だけでなく明治以降も活躍が目立つが、坂本龍馬はまさしくこの幕末だけを生き抜いた人物である。32年という短い人生だったが、彼はさまざまな偉業を成し遂げた。

なかでも有名なのが、薩長同盟の仲立ちをしたことだ。

★**総裁、議定、参与**　総裁には有栖川宮熾仁《たるひと》親王、議定には皇族や三条実美ら公卿、藩主などが、参与には岩倉具視、薩摩藩の西郷隆盛、大久保利通らが任命された。

敵対していた薩摩藩と長州藩が手を組んで討幕の同盟を組んだのは1866年のことである。

それまで坂本龍馬は、長州藩のために薩摩藩名義でイギリス商人から武器や弾薬を買い付けるよう促したり、長州藩から薩摩藩に兵糧米《ひょうろうまい》を贈るようにしたりと、両者の仲を近づけるために奔走した。

また、のちの海援隊《かいえんたい》となる日本初の株式会社亀山社中《かめやましゃちゅう》を長崎に設立したこともよく知られている。

この会社は主に薩摩藩と長州藩の物資、武器の調達、輸送を行う会社で、土佐藩に付属していた。しばらくしてから海援隊と改称し、土佐藩や諸藩の浪士が事業に携わるが、明治元年に解散する。

ちなみに、坂本龍馬がただの浪人から天下の志士として活躍できるようになったのは、★勝海舟《かつかいしゅう》のお陰である。坂本龍馬は勝を暗殺しようと勝のもとへと向かったが、そこで

★勝海舟
1823〜1899。1850年に江戸・赤坂に蘭学塾を開く。ペリー来航時に幕府に意見書を提出しているが、交易を行って人材を育成すべきだという進んだ考えを提案した。

聞いた勝の現実的な思想のとりことなり、その場で門弟になるのだった。

　また勝も坂本龍馬をかわいがり、彼を幕府の重要人物に紹介したりした。こうして坂本龍馬は脈々と人脈を広げていったのである。

　大政奉還に尽力したのも彼だった。さらに新政府の草案までつくり、人員構成までも考えていたという。が、そのリストには坂本龍馬の名はなかった。彼は窮屈な役人にはなりたくないと誰かに語っていたらしい。

　そして大政奉還から1カ月後の1867年11月15日、京都近江屋で坂本龍馬は何者かに暗殺されてしまう。犯人は★京都見廻組組頭の★佐々木《ささき》唯《ただ》三郎《さぶろう》らだというのが定説となっているが、真相は未だに明らかにはされていない。

　幕末という激動の時代は、実に多くの若き有望な人々の命が絶たれた時代でもあったのだ。

★京都見廻組
京都の治安強化のために江戸末期に設置された幕府の職名。

★佐々木唯三郎
1833〜1868。会津藩士の子供として会津に生まれる。

明治維新

［キーワード］江戸城無血開城／戊辰戦争／白虎隊／五箇条の御誓文／版籍奉還／廃藩置県

旧幕府に忠誠を誓った者たちの新政府への最後の抵抗

新体制に移行するまでの新旧混合の時期というのは、どうしても張りつめた空気が漂っている。

江戸幕府が倒れて新政府が成立した時もそうだった。いくら新政府が成立したといっても、旧幕府の勢力はまだまだ衰えてはおらず、徳川慶喜もなかなか領地を返上しようとしなかったのである。

そこで薩摩、長州藩を中心とする新政府軍は旧幕府勢力を一掃しようとし、これに怒った会津藩を中心とする旧幕府軍が京都郊外で戦った。

この鳥羽《とば》・伏見《ふしみ》の戦いで勝利を収めた新政府軍は江戸へ

向かったが、もはやこれまでと思ったのか慶喜は勝海舟に相談、新政府軍参謀の西郷隆盛と交渉して血を流すことなく江戸城を新政府軍に明け渡したのである。これを江戸城の「無血開城《むけつかいじょう》」という。

しかし、なおも戦いに挑む者たちがいた。会津藩、仙台藩、米沢藩など奥羽・北越の諸藩は奥羽越列播同盟《おううえつれっぱん》を結び、新政府と戦ったのである。

しかし会津若松城が落城、函館の五稜郭《★ごりょうかく》に立てこもり最後まで抵抗していた人々も結局、翌年降伏した。この1年5カ月の戦いを戊辰《ぼしん》戦争と呼ぶ。

この戊辰戦争はさまざまな悲劇を生んでいる。会津藩の少年隊士や白虎隊《★びゃっこたい》の自刃、女性だけで結成された娘子隊《★むすめこたい》の自刃など、戊辰戦争の死者の約3割が彼ら会津藩出身者だったのである。

この戦争後、年号も明治と改まり新政府の権力もほぼ固

★五稜郭
1860年、函館奉行が完成させた星形の城塞。

★白虎隊
16歳から17歳の少年たち20名で結成。全員自刃したが1人だけ刀の先が咽喉の骨を突き破らず、いつの間にか意識を失って奇跡的に助かった。

★娘子隊
中野竹子を中心に6～9名で結成。竹子は会津藩江戸詰藩士・中野平内の長女。銃弾を額に受けて戦死。

まったが、あくまでも幕府に忠誠心を誓った会津藩士たちの死がムダになったのかどうかは、今となっては知る由もない。

新政府が発表したムジュンだらけの2つの政策

改革成功のコツは、残すものと必要ないものをよく見極めて判断することである。これをうまくやらないから、時の政府というのは何かと反感を買ったりするのだ。

新政府にとって当面の課題は、天皇を中心とした中央集権国家の基礎を固めることと、欧米諸国と外交を進めることで、この使節団には岩倉具視《いわくらともみ》を代表として大久保利通《おおくぼとしみち》などが加わった。

そこで、まず天皇は政治の基本方針を明らかにした「五《ご》★箇条《かじょう》の御誓文《ごせいもん》」を定めた。ご誓文は公議世論の尊重や開国和親などを誓言したものである。

★五箇条の御誓文
参与の由利公正の原案を福岡孝弟が改訂、木戸孝允が加筆修正した。

また翌日、政府は庶民に対して★五榜《ごぼう》の掲示を掲げた。そこにはキリスト教を禁止するほか、徒党《ととう》、強訴《ごうそ》、逃散《ちょうさん》なども禁止した。五箇条のご誓文はあたかも近代的であるが、五榜の方は旧幕府の統治政策と何ら変わらなかったのである。

これによって長崎の浦上《うらかみ》や五島列島のキリシタンは捕らえられ、各藩に監禁され、弾圧を受けたのだった。これを浦上崩れ《うらがみくずれ》、もしくは浦上信徒弾圧事件という。

実はこの弾圧事件、1番崩れから4番崩れまであり、最後の4番崩れはフランスの抗議で外交問題にまで発展している。

ところで、元号を明治と改めたのは人々の心を一新するためで、また天皇1代の間は1元号とする一世一元《いっせいいちげん》の制度もこの時から始まった。

さらに江戸は東京と改称され、1869年3月、東京は

★**五榜の掲示**
ほかにも君臣、父子、夫婦、長幼、朋友の道徳を示した五倫の道が説かれた。

実際上の首都となり、こうして近代日本社会の第1歩が踏み出されたのだ。

当時、江戸幕府が倒れて新政府が成立したことを「御一新《ごいっしん》」と呼び、人々は大きな期待を寄せた。

現在、我々はこれを明治維新と呼んでいるが、しかし当時の人たちにとって新体制へ移行することへの不安は期待以上に大きかったはずだ。

政策に不満爆発！　庶民を納得させた次の一手

人の意志というものはそう簡単に変えることはできない。よほどおいしい条件を差し出さなければひるがえることはないだろう。

時代は明治に変わったが、新政府が旧幕府を完全にたたきつぶしたとはまだいえなかった。なぜなら、依然として諸藩では旧大名が統治していたからだ。

そこで木戸孝允《きどたかよし》や岩倉具視、大久保利通ら新政府首脳は、あることを実行した。

まず、薩摩、長州、土佐、備前の4つの藩主に領土と人民を朝廷に返上するよう願い出たのである。

すると意外にも願いは聞き入れられ、他の藩もこれに倣うようになった。

おそらく、旧藩主を中央政府が任命する知藩事《ちはんじ》としてそのまま統治させたことがよかったのだろう。

しかし、この版籍奉還《はんせきほうかん》は庶民からみればまったくの期待はずれだったのである。旧藩主が統治しているとなれば、それもそのはずだ。

その後も政府は期待はずれのことばかり行うため、各地で農民一揆が激しく起こるようになっていった。同時に、政府高官の暗殺★事件や反政府運動も起こるようになったのである。

★暗殺事件
1869(明治2)年に大村益次郎、1878(明治11)年に大久保利通が暗殺された。

そこでまた政府の首脳陣たちは考え、1871年に廃藩《★はいはん》置県《ちけん》を断行したのである。

廃藩置県とは藩を廃止して代わりに府県を置き、中央政府が任命する府知事、のちの県知事となる県令が行政を行うことにしたのだ。

ちなみにこの時、すべての藩を県としたため、当初は3府302県になってしまったという。そこで整理をして、最終的に3府72県にまとめたのである。

廃藩置県の成功後、官制も改革し、最高機関である正院《★せいいん》、立法諮問《りっぽうしもん》機関である左院《さいん》、各省の長官、次官の連絡機関である右院《うゐん》を中心にその下に省を置く制度に改めた。いわば、現在の省庁の原本ともいえるものがこの時できあがったのである。

こうして紆余曲折あったが、ようやく日本の新しい基礎が固められ、中央集権国家が完成したのだった。

★廃藩置県
府県内には大区と小区とを設け、区長と戸長を置いた。ある藩士は、廃藩置県によって日本がイギリスのような国々の仲間入りができることを誇りに思うと語ったという。

★正院
正院は太政大臣、左大臣、右大臣、参議で構成される。

富国強兵

【キーワード】
四民平等／徴兵令／地租改正／西南戦争／国立銀行／郵便制度／殖産興業／岩倉具視／日朝修好条規

身分制度は廃止されたけど、平等にならない不思議

日本がこれまでの身分制度を廃止し、四民平等という平等政策をとったのは明治時代に入って間もなくのことである。

旧大名や上層の公家は華族、武士は士族・卒《そつ》★、農工商民は平民と名称が変わり、誰でも自由に結婚や職業の選択、移転ができた。また、平民は苗字を名乗ることを許されたのである。

さらに、明治4年には「えた」「ひにん」と呼ばれていた人々も平民となったが、だからといって簡単には平民とは認められなかった。

★士族・卒
旧足軽など下級武士は卒といったが、明治5年に士族、または平民に編入し、廃止された。

また政府は徴兵令《ちょうへいれい》を公布し、身分に関係なく満20歳以上の男子に兵役の義務を課した。しかし、官吏や官公立学校の生徒、一家の主人、跡継ぎ、一人っ子、養子、そして代人料270円を納めた者は兵役を免除されている。

この代人制度を利用する人は多く、結局、実際に兵役を負担したのは★貧農の次男以下だった。

財政を安定させるために行った★地租改正《ちそかいせい》も差別を生んだ。政府の歳入のほとんどは農民が米で納める租税だったが、率は地域によってまちまちだった。

そこで政府は地価を決め、豊作、凶作に関係なく地租を地価の3パーセントと定め、土地所有者に現金で納めさせることにしたのだが、小作人が地主に払う小作料、いわば小作人の税金は依然として現物だった。

豊作の年はいいが、不作の年は払おうにも払えない。しかし所有者が支払う税金の額は決まっているため、不作だ

★貧農の次男以下
貧しい農民にとって兵役は大きな負担となり、各地で血税一揆が起こった。

★地租改正
改正は明治12年に確立され、①全国の土地を測量しその地価を決定、②地価の3パーセントを地租と定める、③土地所有者が金納することが決定した。

からといって小作料を免除してやるわけにはいかない。払えない者は容赦なく痛めつけられたのだった。

こうした数々の改革は、結局、末端の人々を苦しめる材料にしかならなかったのである。

武士は食わねど高楊枝…じゃあ、現実は生きられない！

権力をふりかざし、欲しいモノは望みどおり手に入れ、やりたいことを思うがままやってきた人物が、いきなりその権力を取りあげられたらどうなるか。おそらく屈辱感を味わい、怒りをあらわにするだろう。

政府が掲げたスローガンの四民平等を気にくわないと思う人は多かったが、とりわけ武士からはブーイングの嵐だった。それまで政府は公卿や大名、武士に対して★俸禄《ほうろく》の一部を★家禄《かろく》として支給し、また戊辰戦争の功績者に★賞典禄《しょうてんろく》を与えてきた。

★俸禄
職務に対する報酬の米またはカネ。

★家禄
主君から家臣に代々世襲的に与えられる俸禄。

★賞典禄
国家に勲功のあった者に対して家禄のほかに賞与として与えられた禄。

この2つを合わせて秩禄《ちつろく》というが、政府は財政の負担を少しでも軽くしようと明治9年、この禄制を全廃したのである。

カネはもらえない、しかし徴兵令はあるわで武士たちは日に日に不満を高めていった。そしてついに佐賀の武士たちが乱を起こしたのである。

ところが、政府はさらに武士たちの特権はずしに取りかかった。何と武士の命ともいえる刀を捨てよという、廃刀令を発したのである。

これに激怒したのが熊本の武士たちで、彼らは神風連《しんぷうれん》の乱を起こし、続いて福岡県の旧秋月藩士らによる秋月の乱、旧長州藩による萩の乱が起こったのだった。

一方その頃、鹿児島でも政府打倒の声が高まっていた。鹿児島は西郷隆盛の天下で、行政的にも軍事的にも政府の手が全くおよばなかった。

そして明治10年、政府と西郷軍による西南戦争★が勃発した。結局、西郷軍は破れ西郷隆盛は自刃したのだが、この戦争によってその後、士族の武力による反乱はなくなった。

このように、何百年と受け継がれてきた武士の魂は、ようやく深い眠りについたのだった。

近代化を着々と実現させた日本の〝得意ワザ〟とは

井の中の蛙が大海に出て学ぶことといえば、自分の無力さであろう。欧米諸国に国力、特に経済力の違いをみせつけられた日本はきっとあせったに違いない。今までカネは国内だけで循環していたのだから、当たり前といえば当たり前の話だ。

そこで経済力をつけるために政府が行ったことは、多額の資金を投じて次々と官営工場を設立していくことだった。

そして、欧米から機械を輸入するだけでなく技術者も雇い、

★西南戦争
征韓論に敗れて故郷の鹿児島で私学校を結成した西郷隆盛が、生徒らに擁されて挙兵するが、政府軍に鎮圧される。士族反乱の中でも最大規模で、その後日本国内での内戦はない。

また留学生を海外へ派遣して技術の習得にも熱を入れた★のである。

また、明治5年にはアメリカの制度にならって国立銀行条例を制定し、東京に第一国立銀行が設立された。

さらに通信、交信の手段も変わり、手紙を配達するのは飛脚ではなく郵便配達が行い、明治2年には東京―横浜間で電信が開通した。電信によって電報が打てるようになり、明治10年には電話が輸入されている。

鉄道がはじめて走ったのもこの頃だった。鉄道技術はイギリスから取り入れ、明治5年に新橋―横浜間に官営の鉄道が開通し、数年のうちに大阪―瀬戸間、京都―大阪間が開通したのである。

ところで明治政府は制度、知識、技術の全ての面において近代化を図るために諸外国から技術者をはじめ学者、教師、軍人などさまざまな外国人を招き★、ピーク時には

★熱を入れた
このように近代産業を育成したことを殖産興業と呼ぶ。

★外国人を招き
イギリス人が過半数を占め、次いでフランス人、アメリカ人、ドイツ人が多かった。なかでも札幌農学校初代教頭となったウィリアム・クラークは日本人に大きな感化を及ぼした。

500人を超えたという。日本人は、あらゆる面で諸外国の技術や知識を取り入れて、現代の基礎を築いたのだ。

朝鮮に八つ当たり!?　欧米にバカにされた日本の愚行

いじめられたうっぷんを、自分よりも弱い相手をいじめることで晴らすのは、あまりほめられたことではない。実は日本は、これと似たようなことを行ってきた。

明治4年、岩倉具視★を特命全権大使とする使節団は明治政府の重要課題である旧幕府の不平等条約★を改正するために大久保利通、木戸孝允、伊藤博文《いとうひろぶみ》を副使に総勢48名で欧米諸国を回った。

その時、60名の留学生も同行したが、最年少で8歳の津《つ》田《だ》梅子《うめこ》★もこの中に混じっていた。しかし結局、日本がまだ近代国家としての条件を整えていないという理由から条約の改正は成功しなかった。

★岩倉具視
公家の堀河康親の次男として生まれるが、14歳の時、岩倉家の養子となる。王政復古を貫いた人生を送った。

★不平等条約
幕末に日本は治外法権、領事裁判権、関税自主権放棄などを規定した条約をアメリカ、イギリス、オランダ、フランス、ロシアと締結。

★津田梅子
11年間アメリカに留学し、帰国後、女子英学塾、現在の津田塾大学を創設する。日本最初の女子留学生は彼女のほかに4人いた。

隣国の朝鮮はこうした外交を推し進める日本の動きに警戒し、日本との通交を拒否した。その一方で、日本は朝鮮に開国を迫っていったのである。

やめればよかったものの、ついに挑発的な行動を取ってしまったのが明治8年のことだった。軍艦雲揚号《うんようごう》は領海を侵して測量を行い、飲料水を求めるという口実のもとに無断で朝鮮に上陸しようとした。

このため砲撃を受け、交戦するという江華島《こうかとう》事件が起きたのである。日本はこの事件を逆手に取り、圧力をかけて日朝修好条規《にっちょうしゅうこうじょうき》を結んだ。条規によって朝鮮は釜《プサン》、元山《ウオンサン》、仁川《インチョン》の3港を開き、さらに日本は日本が諸外国から押しつけられた不平等条件をそのまま朝鮮に認めさせたのである。

反感を買うのをわかっていながらも欧米諸国と同じ態度をとった日本。この一件だけで当時の日本の傲慢な態度がみえてくる。

文明開化

［キーワード］学校教育／東京大学／太陽暦／福沢諭吉／廃仏毀釈

政府の教育政策に農民が猛反対した切実な事情

学校の役割というのは今と昔とでは全く異なる。現在は塾やインターネットなどさまざまな手段を使って情報や知識を得ることが可能で、特に学校に通わなくても勉強はできる。

それに比べて明治の学校は、国民の知的水準を高めるための唯一の機関だった。国民すべてが学校教育を受けられるようになったのも明治4年に文部省が設置され、翌年に欧米諸国の学校教育制度を取り入れた学制★が公布されたからだ。

これによって全国に2万校以上の小学校★が建てられた。

★学制
当初はフランスにならった全国画一の制度だったが、明治12年には主にアメリカの制度を取り入れた教育法が公布された。

★2万校以上の小学校
寺子屋や郷校などを改変したり、新たに建てたためこれだけの数になった。

同時に教員養成機関である師範学校や女子師範学校、女学校などの上級学校もつくられ、また明治10年には東京大学★が誕生した。

しかし、その一方で困ったのが農民だ。子供は貴重な労働力である。子供が学校に行ってしまえば当然働き手が減り、収穫も減少してしまうのだ。

さらに、授業料や学校設立費の負担も重くのしかかってくる。そうした理由から子供の通学反対、小学校の廃止を求める農民一揆が各地で起こっていた。

ところで当時の教科書というのは、ほとんどがアメリカのテキストの直訳だった。これは文部省がアメリカ人の教師を招いて師範学校を設立したため、小学校の教育自体がアメリカ式だったからだ。

寺子屋のように正座をして授業を受けるのではなく、椅子に腰掛けて授業を聞いていたし、服装も和洋さまざまで、

★東京大学
1877(明治10)年4月12日、東京開成学校と東京医学校が合併して東京大学が設立された。

袴をはいている生徒もいればジャケットを羽織っている者もいた。しかも、子供だけでなく大人も通うことができたという。

その反面、現代と違って行きたくても行けない人もごまんといたのである。

激変する風俗・習慣。なぜ伝統は軽視されたのか

定食屋に行くとたまに開化丼《かいかどん》と遭遇するが、これは牛肉あるいは豚肉を卵でとじて御飯にのせたどんぶりものだ。

開化丼の開化は、文明開化の開化を由来としている。文明開化とは西欧文化が盛んに流入し、風俗、習慣に新しい風潮がもたらされたことをいう。

まず、人々の生活の中で変わったのが服装だ。明治5年、政府は洋服を礼装とし、官吏や軍人、教員などのほとんどが洋服となり、しだいに一般へと広がっていった。なかに

は、袴に靴を履くという和洋折衷の人もいたようだ。

また「ざんぎり頭を叩いてみれば、文明開化の音がする」と読まれたように、ちょんまげに代わってざんぎり頭が流行った。食生活にも変化が現れ、肉食が取り入れられるようになり、特に金持ちの間では牛鍋が人気だったという。

街には街路樹が植えられ、ガス灯が立ち、人力車や鉄道馬車などが走っていた。なかでも銀座★のレンガ街は文明開化が凝縮された場所だった。

さらに大きく変わったのは、太陰暦に代わって太陽暦が採用されたことではないだろうか。太陰暦の明治5年12月3日を太陽暦の明治6年1月1日とし、祝祭日も定められている。

このようにさまざまなことに変化がもたらされたが、一方で日本の伝統的文化や生活様式がしりぞけられるという

★銀座のレンガ街
1874年に完成した街で、イギリス人の設計による。日本ではじめて車道と歩道が銀座に設けられた。

傾向も現れた。

たとえば、奈良の興福寺《こうふくじ》の五重塔が25円で売りに出されるなど、由緒ある文化財が売り払われたり、破壊されたりした。

一気に変わっていく様子は当時の人々にとっては大変もの珍しかったに違いないが、「古」を温存しておいてくれていたら、と思ってしまうのは、現代人のエゴだろうか……。

身も心も西洋化する日本の行方

どんな分野や業界にもいわゆるカリスマ的な人物は存在する。それがあふれかえった時点でもはやカリスマの意味を持たなくなってしまうものだ。

明治時代のカリスマといえば福沢諭吉《ふくざわゆきち》が挙げられる。彼は外交官の森有礼《もりありのり》や中村正直《なかむらまさなお》、西周《にしあまね》、加藤弘之《かとうひろゆき》、西村茂樹《にしむらしげき》らと★明六社《めいろくしゃ》を結成し、『明六雑誌』を発行した。この雑誌は人間の自由と権利、個人の自立を尊重する欧米諸国の学問や思想、★功利主義思想などを紹介したものだ。

福沢諭吉は★『学問のすすめ』を書き、人は生まれながらにして平等であると説いて人々に多大な影響を与えた。また、『文明論之概略』を著して人間の知徳の進歩が文明を進めると説き、特に次世代をになう青年たちを魅了している。

このようにして思想界にも欧米のさまざまな思想が流入し、一般にも支持されるようになっていったのである。

一方、宗教界にも変化がみられた。政府は神仏分離令を発して★神仏習合を否定、天皇中心の中央集権国家をつくるために神道の国教化を図ろうとした。

そして、寺院や仏像などを破壊する廃仏毀釈《はいぶつきしゃく》が全国各地で巻き起こったのである。

★明六社
明治7年に正式に発足。毎月2~3回、4000~5000部の雑誌を発行するほか、講演会なども行い、自由主義や近代科学思想を盛んに紹介した。

★功利主義
「最大多数の最大幸福」を原理として社会と個人の幸福の調和を説く考え。

★『学問のすすめ』
活版印刷技術の発達によって数十万部も出版することができ、ベストセラーとなった。

★神仏習合
仏教と在来の神信仰との調和をめざす考え。

だが、それは間もなくおさまり仏教根絶は免れたのだった。結局、神道国教化も実現せず、神仏習合で今日に至っている。

明治元年に掲げられたキリスト教禁止の掲示も明治6年には取り外され、その後宣教師が多数来日★して布教活動が活発になり、人々は自由に信仰した。

こうして日本は本格的に心身ともに近代化への道を歩み始めたのである。

★多数来日
アメリカ人、ロシア人などの宣教師が来日し、布教だけでなく教育や慈善事業なども行っていた。

日本のあゆみ

時代	旧石器時代	縄文時代	弥生時代
政治・経済・社会			前1世紀頃、小国分立 57 倭奴の国王が後漢に朝貢し、印綬をうける 239 邪馬台国の女王・卑弥呼が魏に遣使
文化	縄文文化		弥生文化
	石器・骨角器 縄文土器・竪穴式住居 貝塚・土偶		弥生土器 銅剣・銅矛・銅鐸・銅鏡 多くの古墳（埴輪） 登呂遺跡

古墳時代

飛鳥時代

- 593 聖徳太子が摂政となる
- 603 冠位十二階制定
- 604 十七条の憲法制定
- 607 小野妹子を隋に派遣(遣隋使)
- 630 犬上御田鍬を唐に派遣(第1次遣唐使)
- 645 蘇我氏、滅ぶ。大化の改新
- 663 白村江の戦
- 672 壬申の乱
- 694 藤原京に遷都

古墳文化

- 前方後円墳出現
- 船山古墳出土大刀
- 稲荷山古墳出土鉄剣
- 仏教が百済から伝わる

飛鳥文化

- 607 法隆寺建立
- 623 法隆寺金堂釈迦三尊像

白鳳文化

- 670 法隆寺炎上
- 698 薬師寺完成

奈良時代

701　大宝律令
710　平城京に遷都
718　養老律令を撰定
723　三世一身の法
740　藤原広嗣の乱
743　墾田永年私財法を施行
765　道鏡、太政大臣禅師となる（翌年法王）
784　長岡京に遷都

平安時代

794　平安京に遷都
866　応天門の変。藤原良房が摂政となる
887　藤原基経が関白となる

天平文化

708　和同開珎をつくる
741　国分寺・国分寺尼寺建立の詔
752　東大寺大仏開眼供養
759　唐招提寺建立
805　最澄、天台宗を開く
806　空海、真言宗を開く

平安時代

894	遣唐使をやめる
1017	藤原道長、太政大臣に。頼通、摂政になる
1051	前九年の役（～62）
1083	後三年の役（～87）
1086	白河上皇が院政を始める
1156	保元の乱
1159	平治の乱
1167	平清盛が太政大臣となる
1185	平氏滅亡
1185	源頼朝が全国に守護・地頭をおく

国風文化

905	『古今和歌集』
935	紀貫之『土佐日記』
1001	清少納言『枕草子』
1010	紫式部『源氏物語』
1053	平等院鳳凰堂
1107	『今昔物語集』
1124	中尊寺金色堂建立
1175	法然、浄土宗を開く
1191	栄西、臨済宗を伝える

鎌倉時代

1192	源頼朝、征夷大将軍となり鎌倉に幕府を開く
1203	北条氏が執権政治を始める
1219	実朝、公暁に暗殺される(源氏断絶)
1221	承久の乱。六波羅探題の設置
1232	御成敗式目制定
1274	文永の役
1281	弘安の役
1297	永仁の徳政令発布

室町時代

1333	鎌倉幕府、滅ぶ
1334	建武の新政が始まる
1336	建武式目制定。後醍醐天皇、吉野に移る。南北朝対立

鎌倉文化

1212	鴨長明『方丈記』
1224	親鸞、浄土真宗開宗『教行信証』
1227	道元、曹洞宗を伝える
13世紀初頭	『平家物語』
1253	日蓮、法華宗を開く
1274	一遍、時宗を開く
1330	この頃『徒然草』

室町時代

(南北朝時代～1392)

1338	足利尊氏、征夷大将軍となる
1392	南北朝の合一
1401	明と国交を開く
1404	勘合貿易始まる
1429	琉球王国成立
1441	嘉吉の乱。嘉吉の土一揆
1467	応仁の乱(～77)
(戦国時代～1573)	
1485	山城国一揆
1488	加賀国の一向一揆
1543	ポルトガル人の種子島漂着(鉄砲伝来)
1560	桶狭間の戦い
1575	長篠の戦い

室町文化

1370頃	『太平記』
1397	足利義満、金閣を造営
1486	雪舟、山水長巻を描く
1489	足利義政、銀閣を造営
1496	蓮如、石山本願寺を創建
1549	ザビエル、鹿児島に来航。キリスト教を伝える

安土桃山時代

1576	信長、安土城を築く
1582	本能寺の変。山崎の戦。太閤検地開始(〜98)
1587	秀吉がキリスト教の布教を禁じる
1588	秀吉の刀狩令
1590	秀吉が全国を統一
1592	文禄の役
1597	慶長の役
1600	関ヶ原の戦い

江戸時代

1603	徳川家康、征夷大将軍となり江戸に幕府を開く
1604	糸割符制度始まる
1609	オランダ、平戸に商館を設置
1612	キリスト教の信仰を禁止

桃山文化

1582	少年遣欧使節(大友・大村・有馬3大名)(〜90)
1610	姫路城成る

江戸時代

1614	大坂冬の陣
1615	大坂夏の陣。豊臣氏滅亡。武家諸法度制定
1635	日本人の海外渡航禁止（鎖国令）。参勤交代の制度が定まる
1637	島原・天草の乱（〜38）
1639	ポルトガル船の来航を禁止（鎖国の完成）
1643	田畑永代売買禁止令
1649	慶安の御触書が出る
1657	明暦の大火
1685	生類憐みの令
1709	新井白石の政治（〜16）
1716	徳川吉宗、享保の改革（〜45または51）

元禄文化

1630	キリスト教関係の書籍輸入の禁止
1657	『大日本史』の編纂に着手（1906完成）
1682	井原西鶴『好色一代男』
1689	芭蕉、『奥の細道』の旅出発
1600年代	人形浄瑠璃成立。儒学が発達する

江戸時代

1732	享保の大飢饉
1767	田沼意次、御用人となる
1782	天明の大飢饉(〜87)
1787	松平定信、寛政の改革(〜93)
1789	幕府、棄捐令を発する
1790	人足寄場設置。寛政異学の禁
1800	伊能忠経、蝦夷地を測量
1808	間宮林蔵、樺太探検
1825	異国船打払令(無二念打払令)
1837	大塩平八郎の乱
1839	蛮社の獄
1841	天保の改革(〜43)
1843	上知令
1853	ペリー、浦賀に来航

化政文化

1774	『解体新書』(前野良沢、杉田玄白ら7名による西洋医学の翻訳書)
1797	昌平坂学問所を官学とする
1814	滝沢馬琴『南総里見八犬伝』

1854 日米和親条約締結
1858 日米修好通商条約。安政の大獄（～59）
1860 桜田門外の変
1862 生麦事件
1863 薩英戦争
1867 大政奉還。王政復古の大号令
1868 鳥羽・伏見の戦（戊辰戦争～69）。五箇条の御誓文

1858 福沢諭吉、学塾を開く（～68慶応義塾と改称）
1868 神仏分離令（廃仏毀釈運動おこる）

【参考文献】

「日本の歴史上・中」（井上清／岩波新書）、「江戸時代」（大石慎三郎／中公新書）、「大江戸生活事情」（石川英輔／講談社文庫）、「江戸へようこそ」（杉浦日向子／ちくま文庫）、「3日でわかる日本史」（ダイヤモンド社）、「まんが　日本の歴史」（横井清、小和田哲雄監修／小学館）、「マンガ日本の歴史」（石ノ森章太郎／中公文庫）、「大江戸長屋ばなし」（興津要／ＰＨＰ文庫）、「江戸を楽しむ」（今野信雄／朝日文庫）、「近世史用語事典」（川村直編／新人物往来社）、「実伝　真田幸村」（火坂雅志編／ＫＡＤＯＫＡＷＡ）、「高校入試攻め方のコツ　社会（歴史）」（文英堂編集部編／文英堂）、「幕末維新」（高平鳴海監修、幕末研究会編／新紀元社）、「見る・読む・わかる　日本の歴史４」（朝日新聞社）、「幕末明治　古写真帖」（新人物往来社）、「豊臣秀吉」（鈴木良一／岩波新書）、「時代の流れが図解でわかる！　早わかり日本史」（河合敦／日本実業出版社）、「理解しやすい日本史Ｂ」（井上満郎、益田宗、伊藤之雄共編著／文英堂）、「日本史（３）」（三浦圭一／有斐閣新書）、「新日本史Ａ」（数研出版）、「新日本史Ｂ」（第一学習社）、「新日本史Ｂ」（三省堂）、「高校日本史［改訂版］」（山川出版社）、「山川日本史総合図録［増補版］」（山川出版社）、「中学校歴史　日本の歴史と世界」（清水書院）、「日本大百科全書」（小学館）、「天下取りの知恵袋　井伊直政」（池内昭一／叢文社）、「常在戦場　家康家臣列伝」（火坂雅志／文藝春秋）、「その時歴史が動いた」（ＮＨＫ取材班・編／ＫＴＣ中央出版）、朝日新聞、毎日新聞、読売新聞、日本経済新聞、夕刊フジほか本書は、『大人の教科書　日本史の時間』（小社刊／2001年）を加筆、修正の上、再編集したものです。

本文デザイン・青木佐和子　／　本文イラスト・いしかわけん　／　編集協力・新井イッセー事務所

青春文庫

大人《おとな》の教科書《きょうかしょ》　日本史《にほんし》の時間《じかん》

2017年 1 月20日　第 1 刷

編　　者　大人《おとな》の教《きょう》科《か》書《しょ》編《へん》纂《さん》委《い》員《いん》会《かい》

発 行 者　小 澤 源 太 郎

責任編集　株式会社プライム涌光

発 行 所　株式会社 青 春 出 版 社

〒162-0056　東京都新宿区若松町 12-1
電話 03-3203-2850（編集部）
03-3207-1916（営業部）
振替番号　00190-7-98602

印刷／中央精版印刷
製本／フォーネット社
ISBN 978-4-413-09663-8

ほんとうのあなたに出逢う　青春文庫

いつも品がよく見える人の外見術

一瞬でも印象に残るのは、なぜ？

外見でこそ伝わる、あなたの人柄と魅力！
「何度でも会いたくなる」ような
品のよい女性になるヒントをご紹介します。

神津佳予子

（SE-644）

明日をちょっぴりがんばれる48の物語

本当にあったいい話——
1つ1つのお話が、
あなたの背中をそっと押してくれます。

西沢泰生

（SE-645）

「切れない絆」をつくるたった1つの習慣

幸せは絆をつたってやってきます。
大切な人、また会いたい人、あこがれの人との
関係を強くするヒント

植西　聰

（SE-646）

運命の舞台裏　日本史を変えた合戦

この戦いが「その後」の歴史を
決めた！　壬申の乱、関ヶ原の戦い、
西南戦争……57の大激突、その全真相！

歴史の謎研究会［編］

（SE-647）

ほんとうのあなたに出逢う ◆ 青春文庫

お客に言えない！モノの原価㊙事典

新進気鋭のあのサービスから、話題のあの商品まで……「お客に言えない」値段のカラクリがまるごとわかる原価大辞典。

㊙情報取材班［編］

（SE-648）

子どもはあなたに大切なことを伝えるために生まれてきた。

「胎内記憶」からの88のメッセージ

「胎内記憶」研究の第一人者が教える親も子も幸せになる出産・子育てのヒント

池川　明

（SE-649）

幸運の根っことつながる方法

浄化するほど幸運スパイラルが回り始める

5000人の心を癒したセラピストが贈る。不安や嫉妬、怒り、焦りなど…自分の中から不要なものすべてを解放するための実践法

菊山ひじり

（SE-650）

みるみる相手をクギ付けにする雑談のネタ本

ガソリンスタンドの屋根が高いのは？ ハンマーを投げないのに、どうしてハンマー投げ？……ほか究極の雑学本!!

話題の達人倶楽部［編］

（SE-651）

服が片づくだけで暮らしは変わる

広沢かつみ

なかなか捨てられないモノNo.1の服。
これを整理するとクローゼットもタンスも
見通せるから部屋も心もスッキリします！

(SE-656)

戦国の世を生き抜いたおんな城主の素顔！
井伊直虎と徳川家康

中江克己

次郎法師・直虎の数奇な運命と、
家康との知られざる深い縁とは…
この一冊で大河ドラマがグンと面白くなる！

(SE-657)

図説「生きる力」は日本史に学べ
一人の男に注目してこそ、人生はおもしろい

加来耕三

戦乱の世を生き延びた真田昌幸の「戦略力」。
誰よりも強く優しい男・西郷隆盛の「人間力」。
…日本史を通して生きる知恵が身につく！

(SE-658)

1分で体と心がラクになる
指ヨガ呼吸法

龍村　修

頭痛、肩こり、疲れ目、腰痛、ひざ痛、
不眠、イライラ…
「息を吐く」だけでもっと、早く、深く効く！

(SE-659)